毎日新聞「桜を見る会」取材班

毎日新聞出版

汚れた桜

「桜を見る会」疑惑に迫った49日

はじめに

桜を見ると、その淡い色の美しさや散り際のはかなさに心を動かされる。だが次の春、私たちが桜を眺めるときには、これまでと違う思いがよぎるのではないだろうか。本書に登場する記者たちは今、そんな思いを共有している。

「桜を見る会、人数をかけてガーッとやったほうがいいと思います」

２０１９年11月11日、月曜日。毎日新聞東京本社統合デジタル取材センターが週１回開いている部会でのこと。大場伸也記者がそう切り出した。

もちろん、３日前の11月８日の国会審議をきっかけに噴き出した、安倍晋三首相主催の政府行事「桜を見る会」を巡る疑惑のことである。

午前11時からの部会には、センターに所属する16人の記者がそれぞれ書きたい企画案を数本ずつ用意し、提案することになっている。大場に加え、江畑佳明記者、吉井理記《りき》記者もそれぞれ桜を見る会を企画案に挙げていた。ツイッターを主としたソーシャル・ネットワーキング・サービス（SNS）に怒りや疑問のコメントが次々と流れてくるのを見て「人々の関心が高い」と判断したからだった。

大場の提案に齊藤信宏センター長、日下部聡デスク（取材の指示や記事のチェックをするベテラン記者）も大きくうなずいた。

日々の政治の動きや政策は、政治部が安倍首相や閣僚、省庁に密着して取材している。政治家の絡む不祥事や事件は社会部や特別報道部が潜行取材することも多い。だが、少し違った視点で人々の疑問に機敏に応えていくことも必要なのではないか。そんな判断だった。その瞬間、3人の取材班が事実上発足した。とはいえ、その時点ではまだ、問題の本質についてくっきりとした輪郭は描けていなかった。

ただ、一つはっきりしていたことがある。森友学園や加計学園の問題など過去の安倍首相を巡る疑惑に比べ、SNS上での怒りの広がりが明らかに大きかったということだ。

そして、取材を進めるにつれ、私たち報道機関への叱咤《しった》激励の熱量が、以前とは比べものにならないほど高いことを実感するようになった。「マスゴミ」などと罵声を浴びてきた私たちにとってそれは、率直に言って意外であり、うれしいことでもあった。

今回の問題ではまた、取材、報道、そして読者とのコミュニケーションと、私たちにとっても、あらゆる場面でSNSが重要な役割を果たしてきた。毎日新聞のニュースサイトを主な舞台として記事を発信し続けてきた統合デジタル取材センターのメンバーは特に、それを肌で感じてきた。

本書は世の中を揺るがしたスクープの回顧録ではない。生々しい政界の裏話でもない。ただ、SNSを通じて届く人々の声を背に、桜を見る会で何が起きたのか、そもそも何が問題なのかを、問題が発覚してから2019年最後の野党による政府ヒアリング（12月26日）までの49日間、できるだけ分かりやすく伝えようとしてきた記者たちの記録である。そして、記者の動きを追っていただくことで、日々SNSに流れてくる断片的なニュースにどういう意味があるのか、理解を深めていただくための書である。

まず、取材・執筆の中心となった3人がどんな記者なのか、簡単に触れておきたい。

江畑は1999年入社。大阪社会部で大阪府警、東京社会部で東京都庁を担当した後、深掘り記事やロングインタビューが売り物の名物コーナー「特集ワイド」を手がける夕刊編集部（現・夕刊報道グループ）などを経て、2018年秋から統合デジタル取材センターに所属している。

大場は00年入社。千葉支局から政治部へ行き、首相官邸、自民党などを担当。経済部で

2年間、銀行などを担当し、西部本社（福岡県）のデスクなどを経て19年春に統合デジタル取材センターの記者となった。

吉井はもともと西日本新聞（福岡県）の記者だったが、04年に毎日新聞に移り、北海道報道部などを経て江畑と同じ夕刊編集部に長く所属していた。そして、19年春から統合デジタル取材センターに籍を置く。

経歴は異なる3人だが、「政治に興味がある」という点では一致していた。

本書の構成は次の通りだ。

第1章「疑惑が生まれた日」では、参院予算委員会での田村智子議員（共産）の質疑をきっかけに、SNSが先行する形で疑惑が広がった過程を描く。

第2章「税金と国家の私物化」では、東京・新宿御苑で開かれた桜を見る会の実態とさまざまな疑惑、そして、それらが何を意味するのかを明らかにする。

第3章「消えた明細書」では、桜を見る会の前日にホテルニューオータニ東京で開かれた「前夜祭」の不自然な実態と問題の本質を追う。

第4章「記者VS安倍官邸」では、記者と官邸の関係の実情、そして桜を見る会の問題を通してその関係に変化が起きていることを描く。

第5章「消された名簿と黒い友達関係」では、内閣府が招待者名簿をシュレッダーにかけて廃棄した経緯と、そこに名前が載っていたかもしれない人々と安倍首相の関係を探る。

第6章「終わりの始まり」では、この疑惑の本質は何なのかを改めて振り返り、それが安倍政権に及ぼす影響を考察する。

SNS上には一方で「いつまでやっているのか」「もっと大事なことを取り上げろ」といったメディアや野党への批判もあふれている。しかし、その批判は違う。桜を見る会には日本という国の根幹に関わる問題が凝縮されていることが、本書を読めば分かっていただけると取材班は信じている。

登場人物の肩書や年齢はいずれも取材当時のものである。

「桜を見る会」問題の主な経緯

2019年2月上～中旬	山口県下関市の安倍晋三事務所が支援者らに「『桜を見る会』のご案内」などの文書を配布し、「桜を見る会」と「前夜祭」への参加者を募集
2月下旬	安倍事務所「総理主催『桜を見る会』へのご参加を賜《たま》わり、ありがとうございます」などと書かれた案内文書を参加者に送付
3月10日ごろ	内閣府が桜を見る会参加者に招待状を発送
4月12日（金）	ホテルニューオータニ東京で前夜祭開催
4月13日（土）	東京・新宿御苑で桜を見る会開催
4月22日（月）	「シュレッダーを使う予約を入れた」（内閣府）
5月9日（木）	正午すぎ、宮本徹衆院議員（共産）が桜を見る会の招待者数や招待基準などを示す資料の提出を内閣府に要求。午後1時20分～午後2時45分の間、内閣

府が招待者名簿をシュレッダーで細断

5月21日（火）　衆院財務金融委員会で内閣府の井野靖久官房長（当時）が招待者名簿は「開催が終わったので破棄した」と答弁

11月8日（金）　参院予算委で田村智子議員（共産）が、桜を見る会について安倍首相の支援者のブログなどを示して追及。首相は「招待者の取りまとめには関与していない」と答弁。この質疑がネットで話題に

11月12日（火）　政府に対する最初の野党合同ヒアリング開催

11月13日（水）　菅義偉官房長官、午前の記者会見で「首相枠、政治枠というものはない」と発言

菅官房長官、午後の記者会見で一転「官邸、与党に推薦依頼をした」と認める。翌年の桜を見る会の中止を発表

11月15日（金）　首相官邸で2回、安倍首相が「総理番」記者たちの「ぶら下がり」取材に応じ、桜を見る会に関する質問に答える

11月18日（月）　安倍首相が記者団の声かけに応じ、前夜祭の費用総額を示す明細は「ない」と答える

11月19日（火）　世耕弘成・参院自民党幹事長、記者会見で桜を見る会招待者の「参院改選議員枠」があったことを認める

11月20日（水）　参院本会議で安倍首相が「私も推薦者について意見を言うこともあった」と答弁
衆院内閣委員会で菅官房長官が「首相推薦は1000人」など招待者数の内訳を答弁。首相の妻昭恵氏の推薦枠があったことも認める
夜、各報道機関の首相官邸担当記者のキャップと首相の懇談会。毎日新聞は出席せず

11月22日（金）　首相の地元・山口県の日本酒「獺祭《だっさい》」が桜を見る会に提供されていたとの答弁書を閣議決定
各省庁が推薦した招待者3954人分の名簿を内閣府が参院に開示。「自民党枠」の約6000人分は既に廃棄と説明

11月25日（月）　参院行政監視委で田村議員が、ジャパンライフ元会長に届いた案内状の番

号「60」は首相枠ではないかと問題提起

11月26日（火） 野党議員団が招待者名簿を細断した内閣府のシュレッダーを視察
菅官房長官、桜を見る会に反社会的勢力が参加していたとの疑惑について、記者会見で「そうした方が入っていたんだろう」と述べる

11月29日（金） 昭恵氏は「私人」との答弁書を改めて閣議決定。桜を見る会出席は「首相の公務補助」とも

12月1日（日） 毎日新聞の全国世論調査で安倍内閣の支持率が10月の前回調査から6ポイント減の42％に

12月2日（月） 参院本会議で安倍首相が、招待者名簿の細断を担当したのは「障害者雇用の短時間勤務職員」、名簿の電子データは「復元は不可能」、内閣府のシステムは「シンクライアント方式」などと答弁

12月3日（火） 招待者名簿を廃棄した後も8週間はバックアップデータが残っていたことを内閣府が野党ヒアリングで認める

12月4日（水）　菅官房長官が記者会見で「バックアップデータは行政文書ではない」と発言

12月9日（月）　臨時国会が閉会

12月10日（火）　反社会的勢力について「限定的・統一的な定義は困難」とする答弁書を閣議決定
招待者名簿の電子データについて「復元することは考えていない」とする答弁書を閣議決定

12月17日（火）　各報道機関の首相番記者と首相との懇談。毎日新聞は出席せず

12月19日（木）　下関市議が「前夜祭の会費5000円を払わなかったという人もいる」と野党ヒアリングで証言

12月26日（木）　第2次安倍政権以降、招待者名簿の決裁が行われていないと内閣府が野党ヒアリングで明らかに

汚れた桜──「桜を見る会」疑惑に迫った49日●目次

第2章 税金と国家の私物化

第3章　消えた明細書

第4章 記者VS安倍官邸

第5章 消された名簿と黒い友達関係

第6章　終わりの始まり

第1章

疑惑が生まれた日

始まりは田村議員の国会質疑

「共産党の田村智子参院議員の昨日の質問が、SNSで話題です。何かやるべきかと思うのですがどうでしょうか。何かよい知恵はないでしょうか」

2019年11月9日、土曜日の朝。統合デジタル取材センター長の齊藤信宏がこんなメッセージを部員全員の社有スマートフォンに送った。毎日新聞社が使っているビジネス向け通信アプリを通じてである。LINEと同じようにグループで会話ができる便利なツールだ。

時代は紙媒体からデジタルへ移行しつつある。そこで、主に毎日新聞のニュースサイト向けに、購読料を払って読んでもらえるような魅力ある記事を多く発信するのが統合デジタル取材センターに課せられた役割だ。17年4月に発足したばかりの部署で、東京本社編集編成局の広いフロアの一角に拠点があり、齊藤センター長以下、デスク3人、記者16人がいる。

紙面に記事が載ることもあるが、モットーは「ウェブファースト」。政治部や経済部、社会部といった従来の枠組みにとらわれず、取材するテーマは何でもありで、どこかの部が一報を書いた出来事を深掘りすることもあれば、どの部も扱わない話題を追いかけることもある。聞き慣れない部署名のためか、取材相手に「統合デジタル取材センターって？」と質問されることも多い。そういう場合は「何でも屋といったところです」と答える記者もいる。

一昔前の新聞業界では、紙面向けとデジタル向けの記事は別のルートで編集されていた。それを統一して、よりデジタルにシフトした編集システムに移行する動きが世界中の新聞社で進んでいる。それを「統合編集」と言う。統合デジタル取材センターの「統合」には、そんな意味が込められている。

田村議員の質疑の内容については後で触れる。この質疑について8日の段階で毎日新聞は報じていた。夜、ニュースサイトに「『桜を見る会』首相の地元後援会関係者招待に『重複、当然ある』　参院予算委」との見出しで、政治部が出した記事が載った。翌9日の朝刊には「桜を見る会『後援会優遇』指摘」「各界功労者を招待」「首相『関与していない』」との見出しで載った。ただ、紙面では5ページの真ん中あたりの記事で、目立つ扱いとはいえなかった。

だが、新聞報道とは別のところで話は急速に広がっていた。

統合デジタル取材センターの記者は「デジタル」と名乗っている以上、SNSでの話題をいつも意識している。朝起きた齊藤が、いつもの習慣でツイッターをのぞくと、タイムラインは田村議員の質疑の動画とともに「モリカケと同じ、税金の私物化だ！」「そんな馬鹿みたいことあるの？」といった怒りのツイートであふれていた。「これはすぐに反応した方がいい話だ」と、齊藤は直感したのだった。

齊藤は経済部が長く、ワシントン特派員の経験もある。米国の大手新聞社が紙からネットに軸足を移した経緯をよく知っており、ネットでのニュースの広がり方を常に意識してきた。

この日の当番デスクは日下部聡だった。齊藤のメッセージでツイッターを見て、これはニュースになると思った。「何が問題かをおさらいする、というスタイルで昨日の質疑を振り返る感じでしょうか。江畑さん、できますか」とメッセージを送った。週末は記者も1人当番制だ。この日の当番は江畑だった。

週刊誌「サンデー毎日」や社会部で深掘り記事をよく書いてきた日下部は、紙面の単発記事はスペースが狭すぎて、事実の面白さや深さを伝えきれないもどかしさを感じてきた。ウェブにスペースの制約はない。一度出たニュースでも詳しく報じ直すことで新たな価値が生まれると考えてきた。

自宅でメッセージを見た江畑はすぐさま「了解です」と打ち返した。

そう即答したものの、江畑はそもそも桜を見る会の問題など何も知らなかった。そういえば毎年、春にテレビか新聞でやっているような気がする——といった程度のおぼろげな記憶しかなかった。出社した江畑はまず、首相官邸のホームページを開いてみた。

官邸動画に残る上機嫌な安倍首相

桜を見る会のコーナーがきちんと設けられていた。写真だけでなく動画もアップされている。安倍政権はネットを使ったＰＲ戦略がうまいとよく言われるが、その一環なのだろうと江畑は思った。

19年の開催は４月13日。晴天のもと、桜が咲き誇っている。参加者たちは和服やスーツなど、色とりどりの華やかないでたち。テレビでよく見かける有名な俳優やタレント、お笑い芸人の姿も目立つ。

そうはいっても、主役はもちろん安倍晋三首相だった。

ネクタイは桜を意識してか、ピンク色。芸能人と記念撮影したり、並み居る参加者たちとハイタッチしたりする写真が印象に残った。

動画を見ると、安倍首相は深紅のシートが敷かれたひな壇に上がり、満面の笑みでこうあいさつしていた。

「素晴らしい青空ではありませんか、皆さん。私は自慢じゃありませんが、日本の晴れ男ベスト5の一人であります。後の4人が誰かは知りませんけれども、気持ちのいいお天気となりました」。天を仰いで広げた両手を高々と差し出す安倍首相。かなり上機嫌である。あいさつもよどみない。

毎回、一句を詠むのが恒例になっているらしい。

「平成を　名残惜しむか　八重桜」

そしてこう続けた。

「桜を見る会」であいさつする安倍晋三首相(中央)＝東京都新宿区の新宿御苑で2019年4月13日(代表撮影)

「どうも失礼いたしました。そして、いよいよ5月1日皇太子殿下がご即位され令和の時代が始まります。この横で、官房長官に掲げてもらいたいところなんですが、一人一人のそれぞれの花が咲き誇る時代にしていきたい、そう思います。そこでさらにもう一句」

「新しき　御代寿《みよことほ》ぎて　八重桜」

世間は元号が平成から令和に変わる「令和フィーバー」の中にあった。4月1日に菅義偉官房長官が記者会見で「令和」の2文字を掲げ、各地で祝賀イベントが繰り広げられた熱気が残っていた時期である。2句も披露するとは、首相はよほど上機嫌だったのだろう。

だがこの意気軒高の安倍首相を見て、江畑は中学生のころに習った和歌をふと思い出した。平安時代に「摂関政治」を展開し栄華を極めた藤原道長の有名な歌だ。

「この世をば　我が世とぞ思ふ　望月の　欠けたることも　なしと思へば」

道長は、この世は自分のものだと宣言し、さらに自身の人生を欠けている部分のない満月に例えたのである。

年々増え続ける会の参加者と支出

続いて江畑は田村議員の質疑を動画で見た。国会の本会議や委員会は衆参両院のウェブサイトでネット中継され、過去の録画も視聴できる。

11月8日の参院予算委員会。マイクの置かれた答弁席の後ろには安倍首相、麻生太郎財務相、萩生田光一文部科学相らの姿が見える。

「安倍内閣のモラルハザードが問われていますが、私は総理自身の問題を質問いたします」田村氏はストレートに切り出した。そして、江畑は田村氏の話に、すぐに引き込まれた。

最初に指摘したのは、桜を見る会の参加者と支出が年々増えている実態だ。2014年は参加者約1万3700人で約3005万円かかっていたのが、19年は約1万8200人で約5520万円に増えた。これは予算の約3倍で、20年度は5730万円を予算要求しているという。第2次安倍政権以前の参加者はだいたい1万人前後だったとも。

開催要領によれば、「招待範囲」として皇族・元皇族、各国大公使、衆参両院の議長と副議長、最高裁長官、閣僚、国会議員などを列挙し、最後に「その他各界の代表者等」と書かれている。

そして田村氏は「各国大使や行政関係、このあたりは年々増えるってありえないんですよ。内閣府に聞きましたら、推定だが2000人くらいでほぼ固定的だというんですね。そうすると『その他各界の代表者等』、これが増えたということだと思うんですが、その

『等』を含めて、これはどういう方々で、一体どうやって招待する人を決めるんですか」と質問。大塚幸寛・内閣府官房長は「功績、功労のあった方を幅広く招待できるよう」に「等」をつけているのだと答弁したが、さらに田村氏は「参加した皆さんはインターネットでその模様をたくさん発信している」と指摘し、自民党議員の後援会報やブログなどの「証拠」を次々に挙げていった。

例えば稲田朋美衆院議員は行政改革担当相だった14年、桜を見る会について「地元福井の後援会の皆様も多数お越しくださり、大変思い出深い会になりました」とブログに書き込んでいた。

参院内閣委員会で「桜を見る会」について質問する共産党の田村智子参院議員＝国会内で2019年11月14日、川田雅浩撮影

世耕弘成・参院自民党幹事長は官房副長官だった16年、自身の「後援会ニュース」に地元・和歌山の支援グループの女性とともに桜を見る会で撮影した写真を掲載していた（後に削除）。

安倍首相の側近として知られる萩生田文科相は、自民党総裁特別補佐だった14

年に自身のブログにこう記していた。「平素ご面倒をかけている常任幹事会の皆様をご夫婦でお招きしました」

「『常任幹事会の皆様』というのは、どういう方で、どの府省が推薦してくださったのでしょうね」と田村氏に問われ、答弁席に立った萩生田氏は「自分の知り合いの方をのべつ幕なしに呼べるという仕組みになっておりません」と反論したものの、田村氏に「常任幹事会とは何の団体の常任幹事なんですか」と追及されると「(自分の)後援会の中の常任幹事の方ということだと思います」と認めた。

迫る田村氏・逃げる安倍首相

こうしたやりとりで「桜を見る会」への参加者が増加している理由が次第に分かってきた。つま

「桜を見る会」の支出額と参加者数の推移

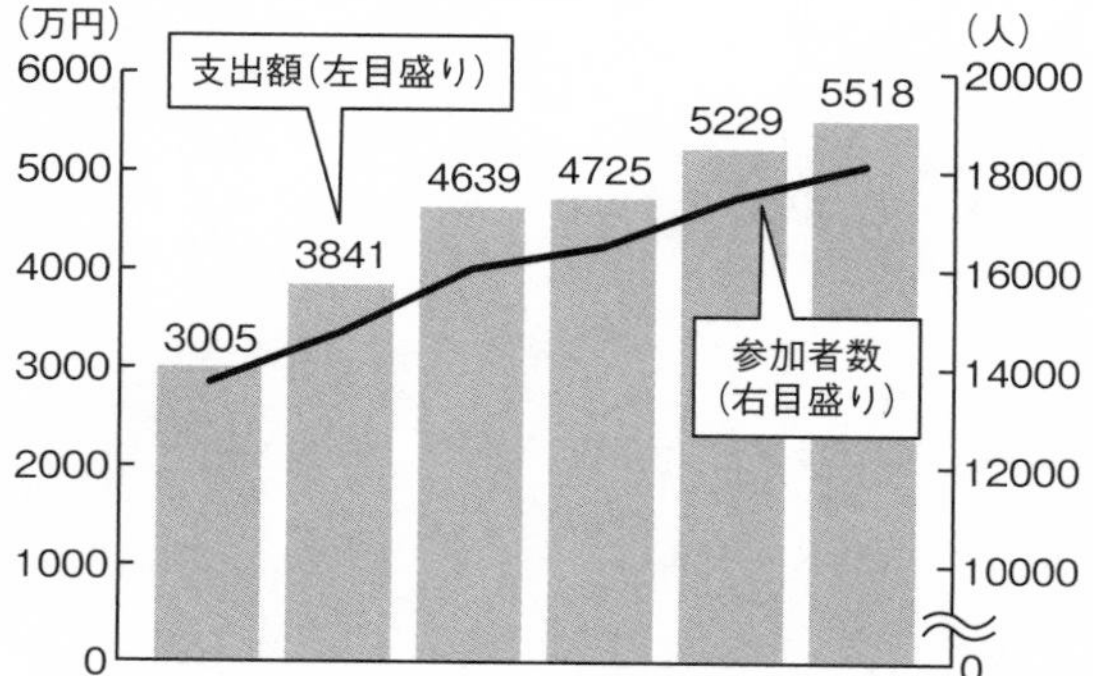

り、大塚官房長が答弁したように「各界において功績、功労があった人」が増えているのではなく、自民党議員の後援会関係者が増えているのではないか——。

田村氏は続いて主催者の安倍首相にこうただした。

「総理、つまり、自民党の閣僚や議員の皆さんは、後援会、支援者の招待枠、これ自民党の中で割り振っているということじゃないんですか。これ、総理でなきゃ答えられない！」

これに対して首相は答弁台に両手をつき、こうかわした。

「いや、今説明しますから。（中略）私は主催者としてのあいさつや招待者の接遇は行うのでありますが、招待者の取りまとめ等には関与していないわけであります」

「個々の招待者については、招待されたかどうかを含めて個人に関する情報のため、従来回答を差し控えさせているものと承知をしております」

田村氏はしかし、引き下がらなかった。

首相の地元・山口県の県議が、自身のウェブサイトに自分の後援会女性部のメンバーと桜を見る会に参加したと記していることを指摘。「安倍首相自身も、地元後援会の人たちを多数招待しているんじゃないですか」と迫った。

これに対して安倍首相は「地元で自治会やＰＴＡなどで役員をされている方々が、後援会に入っている方々と重複していることも当然ある」との趣旨の答弁をする。つまり、自治会やＰＴＡの役員として参加した人たちが、たまたま後援会員になっていることもある、というのである。

では、仮にそうだとして、その人たちはどのような功績が認められて招待されたのだろう。ところが、内閣府に調査するよう求めた田村氏に対し、内閣府の大塚官房長は招待者名簿などの関係書類について「会の終了をもって使用目的を終える」「保存期間1年未満の文書として、終了後遅滞なく廃棄する」などと答弁した。

記録がないから分からない、というのだ。「デジャブだ……」。江畑は思った。

「保存1年未満文書」は森友学園や自衛隊日報の問題で批判を浴びたいわくつきの分類だ。重要文書にもかかわらず、保存期間を1年未満に設定して廃棄し、財務省や防衛省の官僚たちが「記録がないので分からない」という答弁を国会で繰り返したのは17年のことだ。

田村氏は、またもや具体例を持ち出した。共産党の機関紙「しんぶん赤旗」の報道だ。19年10月13日にこの件を報じたしんぶん赤旗日曜版の記事によれば、安倍事務所から後援会員に「桜を見る会に行きませんか」という案内が来て、申し込むと内閣府から招待状が来たとの複数の証言や「安倍政権になって毎年参加している。（首相の地元の）山口県下関市からは毎年数百人が上京する」との証言もあったという。

「どの府省が下関の安倍さん関係の後援会の人の名前と住所を押さえることができるということなんですか」「安倍事務所に申し込んだら内閣府から招待状が来たという証言を複数の方から得ているんですよ」と田村氏は迫ったが、首相は「個別の方については招待されたかを含め個人に関する情報であるため、回答を差し控えているというのが従来からの政府の立場」と述べ、答えそのものを回避した。

前夜祭は桜を見る会とセットの一大行事!?

田村氏は続いて「前夜祭」に踏み込んだ。

山口県下関市議のブログや地元経済界の会報などを示し、19年の桜を見る会の前日、ホテルニューオータニ東京で安倍首相の後援会による前夜祭が開かれていたと指摘した。誰もが知っている東京都心の一流ホテルである。そこには約８５０人が出席し、首相夫妻も姿を見せた。そして参加者は翌日、貸し切りバスで桜を見る会会場の新宿御苑に移動したという。

「安倍総理の後援会の一大行事になっているんじゃないかと。総理にとっても前夜祭と翌日の桜を見る会がセットになって、山口県の皆さんと親しく懇親する、そういう場になっているんじゃないですか」

　すると安倍首相はこう答えた。

「懇親会（前夜祭）に私が出席して写真等を撮っているのは事実でございます。（参加者）各個人がそれぞれの費用によって上京し、ホテルとの関係においても、（参加者が）ホテルに直接払い込みをしているというふうに承知しているところでございます」

　田村氏は新聞に掲載された首相動静（毎日新聞では「首相日々」）を根拠に、会が始まる前に首相が会場で地元後援会関係者らと記念撮影していることも指摘し「まさに後援会活動そのもの」と追及した。だが、首相は今度は「どういう形で私が動くかということにも関わることでございますのでセキュリティーに関わることでございます」と述べ、回答は控えると答弁。またも正面から答えなかった。

　田村氏は質疑をこう締めくくった。

「桜を見る会は参加費無料なんですよ。無料でたる酒やオードブル、お菓子、お土産を振る舞うんですよ。政治家が自分のお金でやったら明らかに公職選挙法違反。そういうことをあなたは公的行事で税金を利用して行っているんですよ。まさにモラルハザードは安倍総理が起こしている」

「これは長期政権の緩み」

動画を見終わって江畑は一人うなった。「これは大変な話だ……」

江畑は以上の質疑を原稿にまとめると、日本大の岩井奉信教授（政治学）に電話を入れた。田村氏の質疑で明らかになった事実がどういう意味を持つのかを聞くためだ。出来事のポイントを整理してもらうために専門家にコメントを求めるこうした取材は「談話取材」と呼ばれている。

岩井氏は政治資金規正法や公職選挙法などに詳しい「政治とカネ」の問題のスペシャリストだ。メディアによく登場するのでご存じの方も多いかもしれない。岩井氏はこう話した。

「もしそれが事実なら、利益誘導的な行為で『税金を使った選挙対策だ』と批判されても仕方ないでしょうね」。さらに岩井氏が指摘したのは、19年の支出額が予算の3倍だったという点だ。「異常な大盤振る舞いで、国民は到底納得できないでしょう。予算の増額や招待者の基準について、明確な説明がなされていないのも問題。長期政権の緩みのひとつでしょう」

長期政権の緩み――。第2次安倍内閣は12年12月に発足した。あと10日あまりで首相の通算在職日数が戦前・戦後通じて憲政史上最長となる、というタイミングだった。

江畑の記事は9日土曜日の午後7時28分「『税金の私物化では』と批判あふれる『桜を見る会』 何が問題か 国会質疑で分かったこと」との見出しでニュースサイトに掲載された。

直後から記事はツイッターで次々とリツイートされ、江畑は手応えを感じた。

前代未聞の対応と膨らむ疑惑

週が明けた11日の月曜日。「はじめに」で記したように、統合デジタル取材センターの部会で取材班の発足が決まったころ、首相官邸では菅官房長官の定例記者会見が開かれていた。官房長官は平日の午前と午後、毎日2回記者会見するのが慣例となっている。

そこでは、桜を見る会についての質問が相次いでいた。

北海道新聞記者「一部の野党から『税金を使った有権者の買収』との指摘がありますが、

問題はないとのお考えでしょうか」
菅氏「開催要領に基づいて、各界において功績・功労のあった方々を各省庁からの意見等を踏まえ幅広く招待しており、内閣官房、内閣府において最終的な取りまとめを行っているというふうに承知をしております」

　質問に答えていない。同じ記者が再度、詰め寄った。

記者「首相らの地元後援会の人に招待が集中するのは不自然に思うんですが、どういう基準でこういう人たちを選んでいるのでしょうか」
菅氏「今申し上げた通りですね、昭和27（1952）年以来、内閣総理大臣が各界において功績・功労のあった方々をお招きし、日ごろのご苦労等を慰労するとともに、親しく懇談される内閣の公的行事として開催されておりですね、内閣官房、および内閣府において、最終的に取りまとめを行っている、こういうふうに聞いています」

　首相の後援会の人が招待されたことの是非に答えようとしない。日本テレビの記者がさらに質問した。

記者「招待者の範囲について今後、精査したり、透明性をさらに高めたりするなどの改善は、政府として検討しているのでしょうか」

菅氏「令和2年の招待数については今後、内閣官房、内閣府においてこれからも検討していくと、こういうふうに思っています」

このやりとりを首相官邸のサイトにアップされた録画で見ていた江畑は少し驚いた。「改善を検討する?」

この日、午後の会見でも菅氏は「来年の招待者数については、今後、内閣官房、内閣府で検討していくというふうに思っています」と繰り返した。やはり改善を進めるようだ。「桜を見る会」には、よほど何か都合の悪いことが隠されているのではないか——。

最初の仕事はメルカリでショッピング

大場もまた、異変に気づいていた。

田村議員が参院予算委で挙げた桜を見る会の参加者のブログや後援会報などが、ウェブ上から次々と削除されていたのだ。「やっぱりこの人たち『まずい』と思ったんだ。これは記事にする必要があるな……」。これについては第2章で詳しく述べたい。

そして、ツイッターには人々の憤りがさらに広がっていた。

「公的行事を何だと思ってる！安倍首相!!」

「税金を使って宮廷政治の真似《まね》事とは呆《あき》れます」

「いわば安倍内閣の示威行為」

「国民を愚弄《ぐろう》するのも甚《はなは》だしい！業務上横領罪、窃盗罪では？」

「これ、徹底的に調べるべきでしょ」「花見の機会が少ない障がい者や高齢者を招いたり、被災地の産品を振る舞ったりしようよ」

怒りだけでなく、説得力のある分析や皮肉もあった。

「桜の会の目的って、実は公金を使った支持者の接待で、招待された注目された芸能人や著名人はその目くらましだったのではないか」

「生活保護バッシングをする人って、どうせこういうのは叩《たた》かないんでしょ。これが本物の『税金の無駄遣い』なのに。生活保護は国民の権利だよ。でも桜を見る会は完っ全に安倍後援会の『利権』じゃん」

「ご自分のサクラたちの労をねぎらうって事ですよね」

その一方で目についたのは「これほどの問題をなぜ報道しない」というメディア批判だった。桜を見る会はこれほど多くの人の心に引っかかる問題なのだ。私たちが進もうとしている方向は間違っていない――。この日、急ぎ結成された取材班の3人は意を強くしていた。

さて、では、どこから取材を始めたらいいのか。部会から自席に戻った3人は腕組みをしながら思案を始めた。3人の席は近い。雑談のように打ち合わせが始まった。

「桜を見る会で配られた升などの記念品がメルカリに出品されています。買っておきましょうか」。大場が言い出した。江畑と吉井は思わず膝を打った。

単に証拠品がほしいから、という意味ではない。記念品を出品している人は、桜を見る会の参加者である可能性が高い。メルカリで物を購入する時は出品者とメッセージを交換することができるので、それを通じて取材に応じてもらえるよう説得できるかもしれないと考えたからだ。

江畑も加わってメルカリのサイトをのぞく。「桜を見る会」で検索すると、酒升や何かの空箱などの写真がいくつも出てきた。

実は、大場と江畑はメルカリ初体験だった。メルカリをよく使っている同僚記者からこんなアドバイスを受けた。「取材のきっかけにしたいなら、商品の届け先はあえて会社にしたほうがいいと思いますよ。ある程度新聞社であることが分かったほうが信頼されると思います」

そうして大場は１２００円の升を購入。江畑も「２０１９総理大臣　桜を見る会　空き箱」と書かれた４５０円の菓子の空き箱をクリックした。

結論から言うと、取引は成立したものの、取材には応じてもらえなかった。

大場に送られてきた升は「桜を見る会　平成30年４月21日　於　新宿御苑」と刻印されていた。19年ではなく、前年の参加者だったようだ。

とりあえず、記者とは名乗らず、ハンドルネームで「現地で使用済みのものですか」などといくつか問いかけると、相手は少しうるさそうにしていた。大場はそれ以上踏み込むのは断念した。

江畑のほうは「桜を見る会の参加者から譲ってもらっただけです」との返答があった。真偽を確かめるすべはない。こちらも断念した。

メルカリで届いた「桜を見る会」の升

江畑が受け取ったのは「桜を見る会　洋菓子」と書かれ、桜の模様があしらわれた空き箱。ペタンと平たくたたまれ、茶封筒に入って送られてきた箱を見て江畑は「これで450円か……」と思わず苦笑した。

火付け役・田村議員はかく語りき

もう一つ。火付け役の田村議員にはぜひとも話を聞いておきたかった。

取材班が発足した11日。部会が終わった直後の昼過ぎ、江畑はさっそく参院議員会館の田村事務所に電話して面会を申し込んだ。「では午後4時においでください」。すばやく対応してくれた秘書から、間を置かず再び電話があった。「取材が立て込んでいまして。江畑さんの取材は1時間遅らせていただけますか?」。やはりメディアの注目が集まっているらしい。東京・永田町の国会議事堂西側に三つの大きなビルが並んでいる。衆参の議員会館である。10年に建て替えられたのだが、まだ真新しい。その最も北側にあるのが参院議員会館だ。

薄暗くなってきた午後5時、江畑はその議員会館内の田村事務所を訪ねた。

田村氏は長野県出身。大学卒業後、国会議員秘書などを経て、10年、国政選6回目の挑戦で初当選し現在2期目の54歳だ。共産党の副委員長も務める。

応接室に通された江畑が山口県議らのブログ削除の話をすると、田村氏は身を乗り出して、こう言った。

「それは、やましさの裏返しでしょう。公明正大なら、そのままにしておけばいいんですよ。誰かから『消せ』という指示が出ているのでは、と思ってしまいますよね」

なぜ、11月8日にあの質問をしたのだろうか。田村氏の説明はこうだ。

この話はもともと共産党の機関紙、しんぶん赤旗日曜版の10月13日のスクープだった。1面から3面までを使った調査報道で1面の見出しは「首相主催『桜を見る会』安倍後援会御一行様　ご招待」「税金でおもてなし」「地元山口から数百人規模」――だった。

田村氏は、本当はこの直後に質問をするつもりだったという。ところが台風19号と重なってしまったため、それどころではなくなった。仕切り直して10月31日に予定されていた内閣委で質問しようと思ったら、今度はその日の朝に河井克行法相が妻の案里参院議員の公職選挙法違反疑惑で辞任して、委員会が開かれなくなってしまった。その結果、11月8日になったのだという。

田村氏の参院予算委での追及が出色だったのは、参加者のブログや後援会報などの証拠を次々と突きつけたことだ。そして、そのほとんどは誰でもアクセスできる公開情報だった。ネットを活用した調査が世論を動かす力を持ったという意味でも示唆に富んでいた。

「参加者のみなさんはもともと、何の悪気もなく桜を見る会のことをネットに上げていたんですよね。参加者1万8000人が証人と言ってもいいのではないでしょうか。森友・加計問題と違って、今回は証拠が次々と出てくるんです」

田村氏はそう言って、予算委で使った資料の束を江畑にくれた。安倍首相の妻昭恵氏や、片山さつき前地方創生担当相、西村康稔経済再生担当相、山口県の県議や市議らのフェイスブックやブログの一覧が掲載された書類だった。そして、こう語った。

「野党で一致して追及していくチームができました。これから徹底的に疑惑を解明していきたい」

以降、立て続けに開かれることになる「野党ヒアリング」の始まりだった。試行錯誤しながらスタートした取材班だったが、これ以降、次の手を考える間もなく、めまぐるしく展開する日々の動きに巻き込まれていくことになる。

第2章

税金と国家の私物化

相次ぐ参加者のブログ削除

「桜を見る会」の参加者のブログや後援会報などが、ウェブ上から次々と削除されていたことに気づいた大場がまとめた記事『「桜を見る会」参加の山口県議ら、ブログ削除相次ぐ』は、11月12日の朝にニュースサイトにアップされた。

桜を見る会とはそもそも、どんなイベントだったのか、皮肉にも削除されたブログにその詳細が生き生きと描かれていた。

その一つ、安倍晋三首相の地元、下関市選出の友田有《たもつ》・山口県議のブログにはこんなことが書かれていた。2014年の桜を見る会の様子だ。少し長くなるが引用したい。

4月12日に安倍首相が主催する「桜を見る会」に行って参りました。今回は私の後援会女性部の7名の会員の方と同行しました。前日の早朝に飛行機で上京して、貸切バスで東京スカイツリーや築地市場など都内観光をしました。その夜には、ANAインターコンチネンタルホテルの大広間において、下関市・長門市そして山口県内外からの招待客約400人による安倍首相夫婦を囲んだ盛大なパーティーが開かれました。そこで安倍首相はご出席の皆さんとグループごとに一枚、一枚丁寧に写真を撮られていましたし、閉会までおられて後援会の皆様と楽しそうに歓談をされていました。

次の日、まさに春爛漫《らんまん》の快晴の中、新宿御苑において「桜を見る会」が開催されました。早朝7時30分にホテルを出発し貸切りバスで新宿御苑に向かい、到着するとすぐに安倍首相夫妻との写真撮影会が満開の八重桜の下で行われました。その後、グループごとに別れて御苑内を散策しました。会場内の各所では簡単なオードブルや飲み物が置いてあり、充分に楽しむ事が出来ました。会には多くの芸能人やケネディ大使をはじめ各国の要人も多数招かれていたようです。私たちはケネディ大使を目の前で見ることが出来て大変感激しました。また、「スギちゃん」や「ＡＫＢ48」のメンバーも招かれていたようですが、会うことは出来ませんでした。しかしながら、絶好の天気と満開の桜を満喫されて、皆様「すばらしい一生の想い出をつくる事が出来た‼」と大変喜んでいただいて私自身も感動した次第です。

安倍首相には長く政権を続けてもらい、今後もずっと「桜を見る会」に下関の皆さんを招いていただきたいと思い新宿御苑をあとにしました。

山口県周南市の藤井律子市長は18年5月8日にアップした「『桜を見る会』に行ってきました」と題したブログを削除した。当時県議だった藤井氏は18年の桜を見る会について、高揚感あふれる筆致でこう描いている。

安倍晋三総理主催の「桜を見る会」が、4月21日に新宿御苑で開催されました。新聞報道によると、各界から1万7500人の出席があったそうです。私もご案内を受け、行かせていただきました。今年は例年になく早い「桜前線」の北上で、葉桜となってしまいましたが、暑いくらいの好天に恵まれ、まばゆいほどの新緑を楽しんできました。

朝9時に会場に到着。しばらくすると、総理のご挨拶が始まりました。アメリカから帰られた翌日の朝であり、しかも、前の晩遅くまで、私たち山口県議会のメンバーと一緒に過ごされておりましたので、「さぞやお疲れでは」と思いましたが、総理はとてもお元気にご挨拶され、最後に自作の句を披露されました。

「葉桜の　賑《にぎ》わいありて　杯重ね」

その後、安倍総理は、広い会場にロープを張って作られた花道の中を、多くの皆さんとハイタッチしたり、握手したり、声をかけたりしながらゆっくり歩かれました。

私は、その花道の傍の人垣の中にいました。総理が目の前に来られた時、思い切って大きな声で、「安倍総理！」と、声をかけました。嬉しいことに、総理はすぐに気づかれて「あ、りつ子さん！昨日はどうも！」と、声をかけていただきました。

私も、「昨夜は遅くまでありがとうございました！」と申し上げました。その花道の両側に集まられる人の多さに、総理の人気の高さを改めて感じました。

また、国会議員さんは、それぞれにご自分の後援会の皆さんを案内されておりますので、山口県からも多くの方が出席されていました。

たくさんの方との出会いの中で、片山さつき先生（参院議員）とも久しぶりの再会を果たしました。

「今日は、山口県からたくさんの人が来てくださっているわね〜。10メートル歩いたら、山口県の人に出会うわよ！」と、いつものように元気よくお声をかけていただきました。

なぜ削除したのだろうか。

前述の記事を書くために大場が友田氏の事務所に電話を入れると、本人が出てきた。電話口の友田氏はしかし「削除したが理由はない。（田村議員の）国会質問とは関係ない。（削除理由について）お答えする必要はない」とだけ答え、ブツッと電話を切った。

藤井氏にも聞いた。周南市役所の秘書課に市長のコメントがほしい旨伝えると、まもなく藤井氏本人から大場のスマホに電話がかかってきた。

「飛行機代、宿泊代などはすべて自費です。まったくやましいことはありません。でも、話題になっていると聞いて、騒動に巻き込まれて市長の職務が制限されたり、写真に写った人など誰かに迷惑がかかったりすると嫌なので削除しました。政府からの削除依頼ですか？　一切ありません」

「まるで遊園地」様変わりした桜を見る会

しかし、参加者がネットに書き残したものだけでは詳細は分からない。どんな人が参加したのか、どんなもてなしがあったのか、やはり、出席したことのある人から直接聞かなければならない。

取材班の3人はいずれも10年以上の記者経験がある。それぞれが築いてきた人脈を頼りに取材に応じてくれる参加者はいないか、探し始めた。

と同時に、統合デジタル取材センターが運用しているネット上の情報提供窓口「つながる毎日新聞」に情報を寄せてもらうよう、センターの公式ツイッターアカウントで呼びかける方法も初めて試みた。「つながる毎日新聞」には専用の情報提供フォームとＬＩＮＥの公式アカウントがある。ＬＩＮＥで友達になってもらえば、記者と一対一で会話できる。

すると、江畑の知人から「話してもいいと言っている人がいる」と声がかかった。

それは、東京都内在住の自営業の男性だった。安倍首相の後援会関係者で、安倍政権になってから桜を見る会にはほぼ毎年足を運んでいるという。19年も参加した。ただし「身元の詳細は明かさないでほしい」とのことで証言は匿名だ。仮にＡさんとしておこう。

Ａさんが体験した19年の桜を見る会は次の

「桜を見る会」の来場者と握手をして回る安倍晋三首相（右）＝東京都新宿区の新宿御苑で2019年4月13日（代表撮影）

ようなものだった。

招待状は自宅に郵便で届いた。新宿御苑の入り口の受付では招待状を示すだけ。身分証の提示などの本人確認は求められなかった。ただ、所持品検査はあった。

安倍首相の様子はどうだったのだろうか。

「本当に忙しそうでしたね」。なぜかというと、貸し切りバスで駆けつけた後援会員と、記念写真を撮るのが毎年の恒例になっているからだという。

桜をバックにした撮影スポットが2カ所用意されており、桜を見る会が始まる前の限られた時間に、それぞれ10人くらいの後援会員のグループと安倍首相が一緒に写真に納まる。撮影スポットは数メートル離れているだけだが、後援会員があまりに多いので、その間を首相夫妻は何度も行ったり来たりしなければならないのだという。

桜を見る会が始まっても、首相は会場を走り回ってほかの参加者との撮影に応じていた。

「野外フェスやアイドルのファンサービスみたいでしたね」

なぜ、そんなことをするのだろうか。Aさんの考えはこうだ。

「安倍さんが選挙で負けるという事態は考えられないので、自分の選挙だけを考えれば、ここまでサービスをする必要はないと思います。でも、安倍さんは義理堅いところがあるんです。普段地元にほとんど帰れない以上、桜を見る会ではその分も、という思いがあるのかもしれません」

また、年々参加者が増えていることについてAさんはこう話した。

「地元では『あいつには招待状が来ているのに、なんでうちには来ないのか』というやっかみみたいな感情が大きいんです。後援会としてはこれを無視できない。調整しきれなくなって『じゃあ行きたい人はどうぞ』となったんでしょうね」

Aさんの証言から浮かび上がるのは、桜を見る会の招待基準「各界において功績、功労のあった方」（内閣府）からかけ離れた、安倍首相による支援者への「サービス」のイベントとなっている実態だった。

もう一人、19年の桜を見る会に参加した人に話を聞くことができた。

弁護士の住田裕子氏。検察官出身でテレビの情報番組のコメンテーターを務める有名人だ。民放の情報番組で自身の経験を語っていたのを見た江畑が事務所にインタビューを申し込んだところ、電話での取材に応じてくれた。

住田氏は過去数回、桜を見る会に参加したことがあり、19年は数年ぶりに足を運んだという。誰の推薦で招待されたのかは分からないという。

約30年前に法務大臣秘書官を務めたことがあり、その時に法相に随行して桜を見る会に初めて出た。検察官を辞めて弁護士になってからも、政府の審議会の委員を務めている。

「そんな関係で、どこかの省庁が推薦してくれたんでしょう」

だが、19年の桜を見る会に出て「あまりに変わっていたので驚いた」という。

「それまで参加者は文字通り『各界を代表するような人』ばかりだったと記憶しています。ところが、久しぶりに行ってみたら、どういう団体か分からないけれど、団体名みたいな案内看板を掲げて参加者が迷子にならないように誘導している人もいました。親子連れもたくさんいて……。まるで遊園地みたいな感じでしたよ」

住田氏が久しぶりに行ってみようという気になったのは、最高裁判事になった知人と会えるかもしれないと思ったからだった。公的な会議など堅苦しい場を離れて、リラックスしたムードで各界の主立った人たちと話せるのが魅力だったという。

「それなのに、飲み物コーナーには行列ができてるし、私もテレビに出てるから、参加者の方から写真を撮られそうになりました。クッキーを少しつまんだだけで帰りましたよ。もう行かないと思います」

「つながる毎日新聞」にも「話してもいい」という人が情報を寄せてくれた。

さっそく江畑がＬＩＮＥで連絡を取った。

東京都内の喫茶店に現れたのは、20代の男性会社員だった。こちらも匿名が条件だったので、Ｂさんと呼ぶ。

Ｂさんは祖父が旧民主党政権の幹部を長年支持してきた関係で、10年の桜を見る会に祖父母が招待され、その付き添いとして参加したという。

民主党政権は09年9月から12年12月まで続いたが、この間、桜を見る会が開かれたのは、鳩山由紀夫首相が主催した10年の1回だけだ。11年は東日本大震災、12年は北朝鮮による弾道ミサイル発射への対応を理由に中止されている。

江畑は喫茶店でノートパソコンを開き、テレビ東京がユーチューブで公開していた桜を見る会の19年の動画をＢさんと一緒に見た。するとＢさんは開口一番、こう言った。

「私が行った時と、参加者の多さが全然違いますね」

10年の参加者は、当時の新聞記事によると約1万人だった。これに対して19年は1万8000人を超えていた。

江畑は、Bさんのスマホに保存されていた10年の桜を見る会の写真を何枚か見せてもらった。毎日新聞に保存されている19年の写真に比べると、確かに人数が少なく見える。

さらにBさんによれば、10年と19年で大きく違うのが、芸能人やタレントの数だという。

「あの時来ていたのは、その年に活躍した俳優やスポーツ選手が中心で、数えようと思えばできるくらいの人数だったと記憶しています。今年はこんなに多くなっているんですね」

招待されたのはいったいどんな人たちなのか

どんな人たちが、誰の推薦で招待されていたのか——。それが焦点になるのは当然の帰結だった。

前述したように、12日に「野党ヒアリング」が始まった。いったい、そこで何が出てくるのだろう。政治部記者ももちろん取材するだろうが、統合デジタル取材センター取材班もじっとしているわけにはいかない。

「詳報、やりましょう」。江畑が、日下部らデスク陣に提案した。

詳報とは、記者会見や会議などのやりとりを文字に起こして、ほぼそのまま記事にすることだ。当然、長くなるが、字数に制限のある紙面と違い、ウェブではいくらでも長文が載せられる。

そこに新しい情報がなくても、生の言葉から見えてくるものがある。勢い込んだり言いよどんだり、そっけなく答えたりといった言葉遣いや態度から、話者が何を話したいのか、何を話したくないのかという機微が見えてくるのだ。

統合デジタル取材センターには過去、こうした詳報を発信して多くの人に読んでもらえた経験があった。

内戦下のシリアで拘束されたジャーナリストの安田純平さんが解放された際の記者会見や、お笑いコンビ「南海キャンディーズ」の山里亮太さんと俳優の蒼井優さんの結婚発表記者会見、そして「反社会的勢力」のパーティーに出席したとして吉本興業から契約を解消された芸人の宮迫博之さんの記者会見などは、それらを報じた一般記事をはるかに上回るアクセスがあった。

桜を見る会の野党ヒアリングも、できるだけ「そのまま」出してみよう。驚くような情報が出てこなくても、政府が何を隠したいのかが浮かび上がってくるのではないか――。

江畑の提案に、大場も吉井も二つ返事で賛成した。

「アウェー感」漂うヒアリング会場

ヒアリングが開かれる衆院「第16控室」は国会議事堂本館、つまりおなじみの三角屋根、石造りの重厚な建物の2階にある。中の構造は複雑で、数回来たことがある程度では迷うことが多い。12日の最初のヒアリングでは江畑と吉井もそうだった。赤じゅうたんの廊下をきょろきょろしながら行ったり来たりして、ようやく会場にたどりついた。

会場に入った瞬間の江畑の感想は「狭い」だった。野党議員十数人と官僚数人が1メートルくらいしか離れていない長机を前に座り、向き合っている。それぞれの後ろには追及チームの野党議員、随行の官僚がぎっしり座っている。テレビカメラもその脇に複数台並んでいる。記者は壁際に設けられた傍聴

「桜を見る会」を巡る問題についての野党合同ヒアリングで内閣府などの担当者たち(左列)に質問する議員たち(右列)＝東京都千代田区の国会内で2019年11月12日、川田雅浩撮影

席に座れるのだが、左右の間隔が狭く、ノートにメモしたりパソコンのキーを打ったりすると隣の人にひじが当たってしまう。

詰めかけていた記者のほどんどは政治部なのだろう、持ち物はノートかパソコンくらいで身軽だ。国会内の記者室にかばんを置いてこられるのだ。コートを着、リュックをしょって乗り込んだ江畑や吉井は、見た目からして「アウェー感」が漂っていた。

ヒアリングでは野党側が政府に招待者の名簿の提出を求めた。だが、桜を見る会を所管する内閣府の酒田元洋・官房総務課長は「廃棄したため残っていません」と繰り返すばかりだった。役所は前例踏襲が基本のはずだ。毎年廃棄していたら、翌年の作業に差し支えが出るのでは――。そんなことを思っていると、こんなやりとりになり、耳をそばだてた。

宮本徹衆院議員（共産）「毎年やっている事業の文書を毎年捨てて、保存しないとは、およそ役所の仕事として考えられない。偽りではないですか」

酒田課長「偽りではございません。使わなくなる、いらなくなる文書ですから」

宮本議員「去年までは持っていたけど、本年については捨てちゃったってことですか？」

酒田課長「本年は名簿とともに廃棄をしたということです」

奥野総一郎衆院議員（国民民主）「推薦基準、選考基準、そういうものは毎年同じじゃないとまずいわけです。毎年廃棄して、毎年作るなんて考えがたい」
酒田課長「推薦の招待者の範囲というものは、開催要領に書かせていただいています。これに沿って、各省庁にお願いしているということです」

やはり、よくわからない。

「安倍首相枠」を巡る攻防

「首相枠」についてのやりとりはまるでテープレコーダーだ。

山井和則衆院議員（無所属）「『安倍総理枠』というのがあるんですか」
酒田課長「開催要領に基づきまして、各省庁からの推薦などを踏まえて、幅広く、各界で功績のある方などをご招待しています。それを内閣府において、最終的に取りまとめをしております。今のおたずねにつきましては、個々の招待者は招待されたかどうかにつきましても、個人に関する情報になるため、従来からお答えを差し控えています」

山井議員「今おっしゃっていただいたことと、実態の証言とが違うんですよ。実態は省庁じゃなくて、安倍事務所、後援会を通せば、フリーパスで行けると証言されている。それも数百人規模で。実態は安倍事務所からの招待客なら行ける枠があるのではないですか。否定されますか」

酒田課長「繰り返しになりますが、桜を見る会は、各省庁の推薦などを踏まえて、幅広く招待しておりまして、内閣府において、最終的に取りまとめをしている、ということに尽きます。個々の招待者については、個人情報なので、お答えを差し控えています」

桜を見る会の本来の趣旨を考えれば、そこに招待されるのは本人にとって名誉なことのはずで、招待者の氏名は隠す性質のものではないはずだ。実態を明らかにしたくないがために「個人情報」という言葉を体よく使っているのではないか――。取材班の違和感は膨らむばかりだった。この日のヒアリングは1時間ほどで終了。野党議員のヒートアップぶりと、それに動じない官僚の冷静さが対照的だった。

実はこのころから、内閣府に電話で桜を見る会に関することで問い合わせても「担当者が不在」と言われ、事実上取材できない状態になっていた。

統合デジタル取材センターの記者は霞が関に記者クラブなどの拠点がなく、省庁に強固な人脈があるわけではない。いわば「足場がない」状態なのである。そんな取材班にとって野党ヒアリングは、内閣府の見解を知るための貴重な機会にもなっていった。

ヒアリングが終わった後、酒田課長らに話しかけることもできた。例えば11月18日。野党側の追及が終わり、ややホッとしたような酒田課長、手早く机の上の資料をまとめて小脇に抱え、後ろに控えていた課長補佐級を含む職員3人を従え、足早に、すたすたすた、と会場の第16控室を出て行く。吉井、江畑が慌てて追いすがる。

「あの、毎日新聞の吉井と申しますが……」

しかし酒田課長、記者が示した記者証に一瞬、視線を走らせ「ああ、どうも……」と言ったきり、歩き続ける。

詳しくは第5章で記すが、内閣府側が「名簿を破棄した」という「19年5月9日」について、確認したいことがあった。

「5月9日に廃棄した、ということですが、担当の職員の記憶にしては具体的過ぎる。何か記録のようなものがあったんですか」と吉井。

酒田課長は赤じゅうたんが敷かれた廊下の角を曲がる。

「記録というか、職員がメモを持っていて……」

「メモ？　それはどんな？」

歩みを止めない酒田課長は議事堂本館を出て、車寄せに向かう。

「メモというか、覚書のようなものですが……」

「？　それは『5月9日に破棄しました』というようなことが書かれている？」

「ええ、そんなところです」

「そんなところ？」

すたすたすた。そのまま車寄せに滑り込んできた黒いトヨタ・プリウスの公用車に乗り込み、走り去ってしまった。

いらつく野党議員同様、こちらも小さな事実確認一つ、なかなか進まない。内閣府のある担当者に繰り返し取材しようとした時は「必ず後でご連絡をいたします。お約束いたします。もう少しだけお待ちください」と言ったきり、二度と連絡が来ることはなかった。そんなことは、しょっちゅうだった。

ただし、内閣府の職員が、ことさら取材班や報道陣に冷たくしているとも思えなかった。むしろ、省庁や一職員の判断では、軽々にメディアの取材に答えられない、という雰囲気だったのだ。その後内閣府は12月6日に取材窓口を設置した。

突然の中止宣言が示唆するものとは

最初の野党ヒアリングの翌日、11月13日の午後、事態は一変する。午後の記者会見で菅義偉官房長官が突然「2020年の中止」を発表したのだ。少し長いが引用する。

「桜を見る会」は、昭和27年以来、内閣総理大臣が、各省庁からの意見等を踏まえ、各界において功績・功労のあった方々などを幅広く招待をし、日ごろのご労苦を慰労するとともに、親しく懇談される内閣の公的行事として開催をしているものであります。

今般、さまざまなご意見があることを踏まえ、具体的な手続きを確認をいたしましたところ、具体的には、取りまとめの内閣官房及び内閣府から各省庁に推薦依頼を行った上で、提出をされた推薦者につき、取りまとめを行っております。その際、内閣官房の取りまとめに当たっては、官邸内や与党にも推薦依頼を行っており、官邸内は、総理、副総理、官房長官、官房副長官に対して事務的に推薦依頼を行った上で、提出をされた推薦者につき、取りまとめを行っております。こうした手続きは長年の慣例で行ってきているものであるが、さまざまなご意見があることを踏まえ、桜を見る会について、政府として招待基準の明確化や招待プロセスの透明化を検討したい。予算や招待人数も含めて全般的な見直しを、幅広く意見を聞きながら行うこととし、ついては来年度の桜を見る会は中止をすることにしました。

この発表中で菅氏は、翌年の桜を見る会の中止だけでなく、それまで否定してきた「首相枠」や「与党枠」の存在を事実上認めた。「内閣官房が首相や副総理、官房長官、官房副長官、与党に推薦依頼を行っていた」と述べている部分だ。

この一報を受け、取材班はざわついた。この政権が何かを「見直す」などと言ったことがこれまで、どれほどあっただろうか。

「よっぽど都合の悪い何かがありそうですね」という大場の言葉に、江畑は「参加した県議たちがブログを削除したのと同じ思考回路じゃないか」と応じた。

その日も野党ヒアリングは開かれた。そこでは、こんなやりとりがあった。

野党議員「さきほど官房長官会見で、菅官房長官が首相官邸内、与党に推薦依頼を行っていることを明らかにした」
内閣官房・中井亨参事官「内閣官房の取りまとめにおきまして、長年の慣例といたしまして官邸内、それから与党に対して推薦依頼を行っているところであります」
宮本議員「安倍事務所からの推薦もあった？」
中井参事官「事務所に最終的に確認して推薦をいただいております」

安倍事務所からの推薦で招待者が決まっていた。つまり、安倍首相が当初は否定していた「首相枠」を政府の事務局が認めたことになる。内閣官房があっさりと事実を認めたことに、ヒアリングの現場にいた江畑と大場は驚きのあまり、思わず顔を見合わせた。

「自民党枠」の実態

では、一方の「与党枠」とはどんなものなのだろうか。
菅氏が与党枠の存在を認める前から、自民党議員にも人脈を持つ吉井が動いていた。閣僚経験のある自民党議員の秘書は、こんなことを話してくれた。

「まとまった人数の『枠』があって、党本部から招待者の名簿をまとめて送るよう指示されましたよ」

この秘書によると、議員が大臣に就任した際、党本部に「『桜を見る会』に参加したいという人たちがいる。どうすればいいか」と相談した。すると「そちらの先生の『枠』は10人。招待したい人の住所・氏名を名簿にして幹事長室に送ってほしい」と言われたという。そこで、秘書は幹事長室に名簿をファクスしたところ、後日、支援者らの自宅に招待状が届いたという。

繰り返すが、政府は桜を見る会の招待者について「各界において功績、功労のあった方々など幅広く」（菅官房長官の会見）と説明してきた。しかし、この秘書は「招待者の功績、功労の有無は全く聞かれなかった」とも証言した。

また、自民党の別の閣僚経験者も「議員が出席者を推薦し、内閣府が決めている」と認めた。「『枠』は10～20（通分）だったと思う。１通で本人と配偶者は呼べる。だから、議員１人あたり20～40人は呼べる」

さて、自民党はどう答えるだろうか。

吉井は13日午前中、自民党幹事長室に電話した。偶然にも、菅氏が記者会見で「枠」を認める直前だった。電話口の党職員はその時「『招待枠』や名簿の取りまとめは承知していない」と答えた。

「『承知していない』……か」。吉井はその答え方に含みがあることに気づいていた。

そして菅氏の記者会見が終わった後の13日夕方、再び吉井が幹事長室に電話すると「官房長官の会見がすべて」と党職員は言った。説明が変わっていた。

事務所の取りまとめと「コピー自由」の案内状

「首相枠」を巡る報道は続いた。首相推薦の招待者を安倍首相の地元事務所が取りまとめていたというのだ。11月14日の毎日新聞朝刊1面（ニュースサイトでは13日）の記事だ。

安倍首相の事務所名で桜を見る会を日程に組み込んだ観光ツアーの案内状が地元有権者らに配布されていた。地元の複数の参加者が参加し、事務所が事実上取りまとめていた実態が明らかになった。一方、政府は13日に野党4党が開いた合同追及チームの会合で、首相の事務所から招待者の推薦を受けていたことを認めた。

毎日新聞は「安倍晋三事務所」名で「『桜を見る会』のご案内」と題した今年の案内文

書の写しを入手した。前日に後援会主催で会費制の夕食会が開かれることなどが案内され、首相の地元事務所の電話番号の記載もあった。「内閣府での取りまとめ」となるため、締め切り後の追加申し込みはできないなどと記されていた。首相を支持する山口県下関市の男性は「毎年案内状が届いている」と証言した。男性は、複数回参加したが、費用は自己負担だったと説明。「招待されるのは誇らしい。何が問題なのか」と不満そうに話した。

２０１５年に参加した同市の元地方議員も、地元事務所の秘書から打診があった。地元旅行会社は取材に「担当者が不在で詳細は分からないが、参加者の宿泊代などはうちに振り込んでもらっている」と説明。

山口県の下関支局と福岡本部の記者の取材に基づく記事だった。

安倍事務所の関与については、下関支局と福岡本部の記者がさらに続報を放った。11月19日朝刊（ニュースサイトでは18日）の「地元自民市議に招待枠　安倍事務所名の申込書」という記事だ。

「桜を見る会」に安倍晋三首相の後援会関係者が多数出席していた問題で、首相の地元・

山口県下関市の複数の自民系市議が、安倍事務所名の参加申込書で自身の支援者を招待していたことが18日判明した。複数の自民系市議が証言した。市議らによると、申込書は何枚でもコピーでき安倍事務所から上限は示されていなかった。非自民の複数の市議に用紙は渡っておらず、各界の功労者らを招く公的行事が、地方議員の支援者を優遇する形で自民の支持固めに政治利用されていた実態が浮かんだ。

桜を見る会では、閣僚や国会議員の「招待枠」が分かっているが、地方議員の「枠」の判明は初めて。会の参加者が近年膨らんだ一因にもなったとみられる。

毎日新聞は「内閣府主催『桜を見る会』参加申し込み」と題した用紙を入手した。「紹介者」の記入欄もあり、「参加される方が（中略）知人、友人の場合は、別途用紙でお申込み下さい。（コピーしてご利用ください）」と書かれている。

ある自民系市議によると、用紙は市議会の安倍首相に近い会派を通して入手でき何枚でもコピーできた。人数の上限は示されず「書き込んで事務所に持って行けばいい」と話した。今年を含めて数年前からのことという。別の自民系市議は実際に自身の支援者を複数回招待したと明かした。安倍事務所が申込書をどう取りまとめたかは不明だが、この市議は「断られたことはない」と話した。

一方、共産や公明など非自民の複数の市議は「用紙をもらったことがない」と話す。毎日新聞はこの問題について安倍事務所に質問状を送ったが18日午後5時までに回答はなかった。

申込用紙はコピーして何枚も使える、そして断られたことはない——桜を見る会の本来の趣旨とはあまりにもかけ離れた実態だった。

19日にはもう一つ、動きがあった。

世耕弘成・参院自民党幹事長が記者会見で、その年に改選を迎える参院議員には「枠」を多く割り当てていたことを認めたのだ。

きっかけは、共同通信が配信した記事だった。記事によると、19年7月の参院選で改選を迎える参院議員に対し、その年の1月、後援会関係者らを「4組までご招待いただけます」という内容の案内状が党から送られていたというのだ。選挙を控えた議員に、公的行事を利用して便宜を図ったと疑われても仕方のない行為だった。

記者会見で、この記事について問われた世耕氏は「改選期ということで引退する議員も毎回たくさんおり、過去から慣例的に改選期の議員に枠を多く割り当てていたと報告を受けている」と説明した。

ただ、いつからこの「慣例」が始まったのかについては「私が幹事長になる前の執行部の問題なので確認はできていない」と述べた。政治部の記者の取材では、党関係者によると、少なくとも20年以上前から行われてきたという。

案内状の「招待」という表現についても問われた世耕氏は、内閣府から党を通じて議員事務所に推薦の依頼が伝えられていく過程で「推薦という意識があいまいになり、（党の事務局が）招待と混同する部分があった。適切ではなかった」と釈明した。

ちなみに、世耕氏も19年7月の改選組だった。世耕氏は自身の事務所にも案内状がメールで届いてきたことを認め「事務所に任せているが、メールに応じて4人推薦したと思う」とも述べた。

何やら、次々にボロが出てくる感じになってきた。

菅官房長官はこの日の記者会見で、首相ら政権幹部や自民党議員の「枠」の撤廃は考えていないのかと問われ、「それは当然、そういう方向になってくると思う」と答え、撤廃を検討していることを明らかにした。

平成３１年２月吉日

各 位

安倍晋三事務所
☎０８３－２６６－[redacted]

『桜を見る会』のご案内

謹啓、時下ますますご清栄のこととお喜び申し上げます。

さて、本年も下記のとおり総理主催の『桜を見る会』が開催されますので、ご案内申し上げます。

なお、ご出席をご希望される方は、２月２０日までに別紙申込書に必要事項をご記入の上、安倍事務所または、担当秘書までご連絡くださいますよう、よろしくお願い申し上げます。

内閣府での取りまとめになりますので、締切後の追加申込はできませんので、ご了承ください。

記

１．開催日時　　平成３１年４月１３日（土）
　　　　　　　　ＡＭ８：３０～ＡＭ１０：３０

２．開催場所　　新宿御苑

３．主催　　　　内閣総理大臣（内閣府）

【あべ晋三後援会主催 前日夕食会】（会費制）
○開催日時　　平成３１年４月１２日（金）
　　　　　　　ＰＭ７：００～〔予定〕
○開催場所　　ホテルニューオータニ

2019年2月上旬か中旬に安倍事務所から支援者に送られた「『桜を見る会』のご案内」（画像の一部を加工しています）

FAX：083−267−[redacted] あべ事務所行

内閣府主催「桜を見る会」参加申し込み

平成31年4月13日（土）

≪記入についてのお願い≫

※ご夫妻で参加の場合は、配偶者欄もご記入ください。

※後日郵送で内閣府より招待状が届きますので、必ず、現住所をご記入ください。

※参加される方が、ご家族（同居を含む）、知人、友人の場合は、別途用紙でお申込み下さい。（コピーしてご利用ください）

※紹介者欄は必ずご記入ください。（本人の場合は「本人」とご記入下さい。）

※前日の「夕食会」「観光」「飛行機」等につきましては、後日、あらためて参加者の方にアンケートさせていただきます。

紹介者（　　　　　　　　　　）

	参加者	配偶者
ふりがな 氏　名		
性　別	男　・　女	男　・　女
生年月日	昭/平　　・　　・　　生 （満　　　才）	昭/平　　・　　・　　生 （満　　　才）
職業・役職 (例会社役員、自営業)		
現住所	（〒　　　−　　　） ※自宅住所をご記入ください。	
連絡先	(自宅)	
	(携帯)	

〔お問合せ〕 ☎083−266−[redacted]（あべ事務所）

2019年2月上旬か中旬に安倍事務所から支援者に送られた「内閣府主催『桜を見る会』参加申し込み」（画像の一部を加工しています）

「首相推薦枠＝1000人」と明らかに

この時期、「枠」を巡って日替わりで新しい情報が出てくる状態になっていた。「桜を見る会を追っているつもりが、追われているよ」と大場はぼやいた。

20日には菅官房長官が枠の人数を明らかにした。

衆院内閣委員会に出席した菅氏は、19年の招待者約1万5000人の内訳として、首相推薦が約１０００人、副総理・官房長官・官房副長官が約１０００人、さらに自民党関係者が約６０００人いたと述べた。

それまで「総理枠、政治枠というのはない」と説明していたのは、菅氏自身だった

2019年「桜を見る会」招待者数の内訳

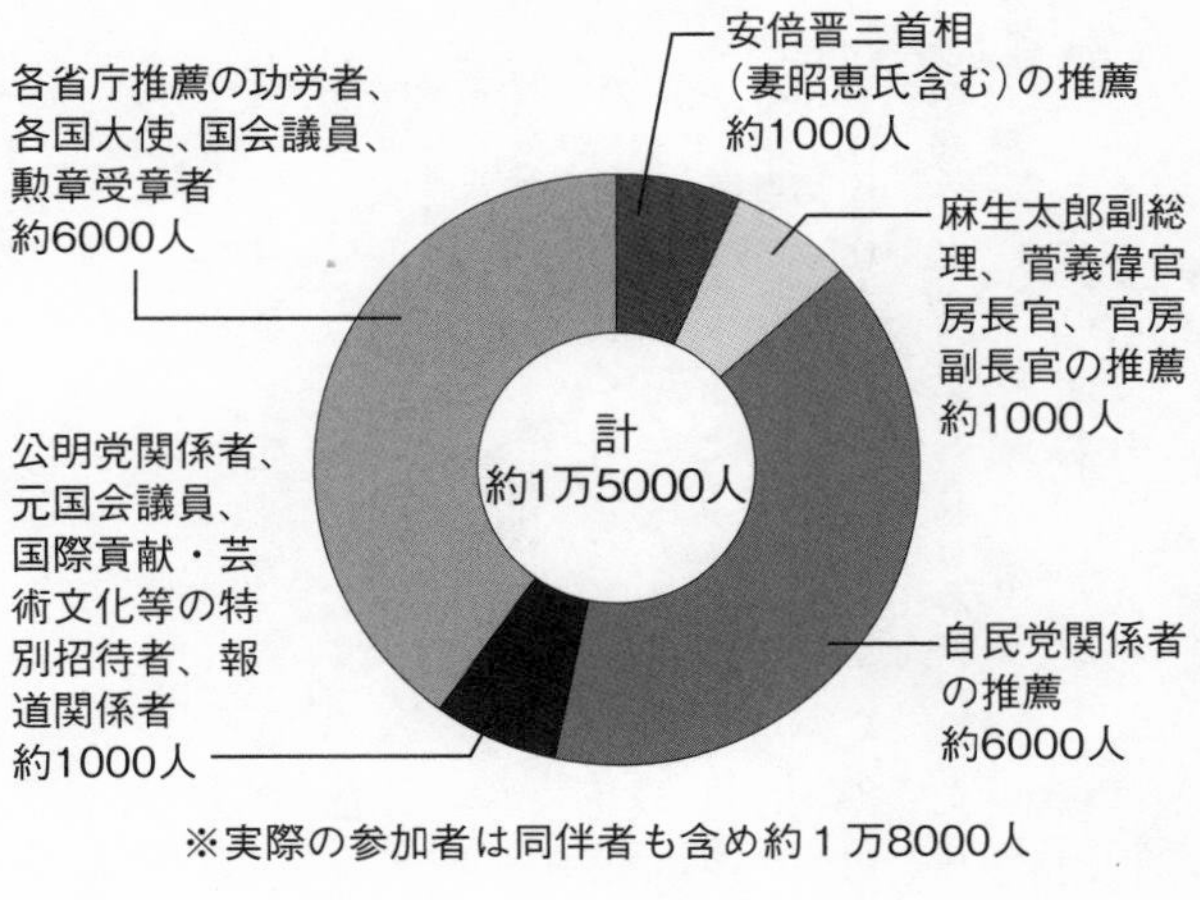

※実際の参加者は同伴者も含め約１万8000人

はずだ。さらに、安倍首相自身もそう説明していたのではなかったか。

ちょうどこの日、参院本会議の代表質問があった。

それまで「招待者の取りまとめなどには関与していない」と説明していた首相は、この日の答弁でなんと答えるのか。取材班は固唾《かたず》をのんでネット中継を見守った。

「私自身も事務所から相談を受ければ、推薦者についての意見を言うこともありました」

答弁が変わった。しかし、首相はこうも述べた。

「内閣官房や内閣府が行う招待者の最終的な取りまとめプロセスには一切関与していない」

「こういうのを詭弁《きべん》と言うんじゃないのか」。吉井の声には怒気がこもっていた。


菅氏はこの日、「首相枠」や「自民党枠」以外に公明党関係者、国際貢献・芸術文化関係の特別招待者、報道関係者、元国会議員などが計約1000人、各省庁が推薦した各界の功労者、日本駐在の大使や公使、国会議員、勲章受章者などが計約6000人だったことも明らかにした。

招待者を合計すると約1万5000人だが、実際の参加者は1万8000人。これは招待者が家族などを同伴できたからだという。

また、内閣府は11月22日、各省庁が招待者として推薦した3954人分の名簿を参院予算委の理事懇談会で開示した。名簿は計172ページあったが、公務員以外の氏名はほぼ黒塗りだった。

さらに「首相枠」で推薦された約1000人や「自民党枠」の約6000人などの名簿は既に廃棄したとも説明した。

昭恵氏「私人なのに推薦枠」の論理矛盾

「枠」を巡って見逃せないのは、安倍首相の妻昭恵氏の存在である。

再び、20日の衆院内閣委に戻る。前出の宮本議員は共産党の機関紙「しんぶん赤旗」の報道を引用して菅氏をこう追及した。

「『あるイベントで昭恵さんと名刺交換をした。それ以降、招待状が届くようになった』との報道がある。昭恵夫人の招待枠、あるんですか」

これに対し、菅氏は「ありません」と応じた。ところが、ここでちょっとしたハプニングが起きる。

宮本氏がさらに、ネット上に「昭恵さんに招待された」という声がいくつも出ていることを指摘し「安倍事務所で取りまとめる推薦者の中に夫人の推薦も入っているのか」と「昭恵氏枠」の有無をただしたところ、答弁に立った内閣官房の大西証史・内閣審議官がこう答えた。

「安倍事務所におきましても、幅広く参加希望者を募るプロセスの中で、夫人からのご推薦もあったとのことでございました」

「昭恵氏枠」を事実上、認めてしまったのだ。

この矛盾を追及する宮本氏に菅氏は「今、審議官が言った通りでありますけれども、夫人に確認をしましたところ、当該の推薦作業には一切関与していないということでありました」、大西審議官も「ただ、何名というふうな、具体的な詳細な数を決めての枠といったようなものではないと認識しております」と述べた。明らかに苦しい答弁だった。

そもそも、昭恵氏は「私人」だったはずなのだ。

17年3月、政府は「首相夫人は私人である」との答弁書を閣議決定している。そのころ、森友学園問題を巡り、学園が設立を計画していた小学校の名誉校長を昭恵氏が務めていたことなどが問題視されていた。この昭恵氏をサポートする政府の職員が配置されていたため、「首相夫人は公人か私人か」が国会で問題化した。その一環として野党議員から出された質問主意書に答えたのだった。

閣議決定には政府の統一見解としての重みがある。政府が私人と決めた人物に、公的行事の推薦枠が与えられるのは、公私混同ではないだろうか。

そう考えた江畑は、この点をまとめて記事にしようと思い立った。

高千穂大の五野井郁夫教授（政治学）に談話を求めると、こんなコメントが返ってきた。

「税金の私物化や公私混同どころか、もう『国家の私物化』と言っていいと思いますね」

五野井氏は『「デモ」とは何か　変貌する直接民主主義』（NHK出版）などの著書で知られ、欧州の民主制にも詳しい若手の政治学者だ。五野井氏はその理由についてこう語った。

「首相や議員が後援会の会員を桜を見る会に多数参加させたことが問題になっていますが、百歩譲れば少なくとも彼らは公人です。『権限を行使する際に少しやり過ぎた』という言い訳が可能ではあります。ですが、昭恵夫人は閣議決定で私人とされた以上、そもそも推薦という権限を持ち得ない立場のはずです。権限のない私人が権限を行使したことになり、問題はさらに深刻です」

なお、政府はこの「桜」問題の渦中、19年11月29日に「首相夫人は公人でなく私人との認識は変わりない」との答弁書を改めて閣議決定した。熊谷裕人参院議員（立憲民主）の質問主意書への回答だ。答弁書では「公人とは、一般に、公職にある人」で、「私人とは、一般に、公人の対義語」と定義している。

そして「私人」である昭恵氏が桜を見る会に出席したのは「首相の公務の遂行を補助する一環」なのだという。

その後、共産党の清水忠史衆院議員は、ＳＮＳを分析して集計した結果として13〜19年の７年間、昭恵氏の推薦で知人ら計１４３人が招かれていた可能性を指摘している。

「民主党時代にも後援会を呼んでいたはずだ」

民主党政権ではどうだったのだろうか。ネットでは、安倍首相の支持者たちから「民主党政権時代にも桜を見る会をやっていた」との反論が続いている。菅官房長官も記者会見で「招待者の取りまとめは長年の慣行でやっている」と繰り返すなど、安倍政権独自の問題ではないかのような発言をしてきた。

民主党政権でも桜を見る会があったのは事実だ。前述したように鳩山政権の10年に１回だけ開かれている。

鳩山由紀夫元首相は11月20日、この件について発言している。東京・永田町で鳩山氏が設立しようとしている新党関連のセミナーが行われ、その後報道陣の取材に応じたのだ。

「私は首相になって一度も選挙区の北海道9区に帰れなかった。お世話になった有権者の皆さん方にお礼を申し上げたいと思っていましたが、その機会に恵まれなかった。そういった意味もあり、桜を見る会に有権者の方々をお招きしたのは間違いありません」

そのうえで、安倍首相との違いを強調した。

「伝統的な自民党政権のやり方を踏襲しましたが、会を利用して大々的に選挙活動をやろうという発想はなく、前年の麻生政権より招待客も減りました。少なくとも前夜祭をして利益供与をしたことはまったくありません」

国民民主党は11月13日、10年の桜を見る会に関する資料を報道向けに公開した。内閣官房と内閣府の連名で、事前に党所属議員の事務所に配ったものだ。

資料には「招待者の推薦名簿のご提出をお願いします」と記され、別途エクセルファイルに氏名を記入して内閣府のアドレスにメールで送るよう、手続きが示されていた。そこには「各省庁には、原則として同一人物が連続して招待を受けることのないよう配慮を依頼しており、これを踏まえて推薦を」「国民から疑惑を持たれないよう考慮して」などの注意書きが添えられていた。

前出の10年の桜を見る会に出席した男性の証言からも、少なくとも当時は最近のものに比べれば小規模だったことは確かである。

「私物化」のにおいのするあいさつ

そのほかにも「私物化」のにおいがする事実がSNSで指摘されていた。19年春の桜を見る会での安倍首相のあいさつだ。それは桜を見る会を伝える当時のテレビニュースの一場面として拡散していた。

「公明党の山口代表をはじめご来賓の皆様、お忙しい中、こんなにたくさんの皆様、足を運んでいただきました（中略）今回の桜を見る会、64回目ですが、山口さんや皆さんと共に政権を奪還してから、7回目の『桜を見る会』となりました」

「新聞芸人」を自任し、テレビの情報番組でニュース解説もしている芸人、プチ鹿島さんは、これを見て11月14日にこうツイートしている。

「『皆さんと共に政権を奪還してから』というあいさつがそもそも妙です。支持者や後援会を前提にしていて、桜を見る会の趣旨と劇的に異なります」

確かにそうだ。そう思った吉井、大場は首相官邸のサイトでこの時の首相のあいさつを改めて確認した。確かにその通りのことを言っている。この話も記事にしよう、と決めた。

早速、内閣の制度やあり方に詳しい西川伸一・明治大教授（政治学）に意見を求めた。

「明らかに会の趣旨に反します。あの時、会場にいた招待客に首相は『皆さん』と呼びかけた。首相の『政権奪還』に功績・功労があった人々だ、ということなのでしょうか」

そして西川氏はこう続けた。

「見方を変えれば、首相のあいさつが会の性格を図らずも言い当てているのかもしれません。しかも、この時期は統一地方選の真っ最中でした。行政トップとして、発言に細心の注意を払うべき時期なのに、選挙を連想させる言葉をたやすく発する。選挙運動の延長ではないか、と勘ぐられても仕方ありませんね」

過去にも桜を見る会を選挙に利用した例があるのではないか。取材班で手分けして調べてみると、やはり、あった。

参院選まっただ中の16年7月6日、首相は自身のフェイスブックに桜を見る会で参加者とともに撮った写真をアップし、自民党のロゴマークをつけていたのである。

そこにはこんな一文もある。「安倍総裁は【青森県】での街頭演説会に参加いたします。是非、街頭演説会にご参加頂ければ幸いです」

政府と自民党はイコールではない。政府の公式行事を選挙に利用していることにならないのだろうか。首相がどう認識しているのか、見解を求めるために大場が11月19日に安倍事務所に質問状を送ったが、12月26日までに、回答はなかった。

付け加えれば、「皆さんと共に政権を奪還し……」は、安倍首相が選挙のみならず、国会演説などで繰り返し使ってきたフレーズだ。さらには「拉致被害者の奪還」(19年2月25日、衆院予算委)「国民総所得50兆円の奪還」(16年1月22日、施政方針演説)といった変形バー

安倍晋三首相のフェイスブックに2016年7月6日に投稿された「桜を見る会」の写真。自民党のロゴが入っている(首相のフェイスブックより引用。画像の一部を加工しています)

ジョンもある。首相は「奪還」というマッチョな響きの言葉がお好きなのかもしれない。

選挙利用が疑われるケースはまだある。

自民党が総裁選を5カ月後に控えた18年4月、前夜祭の前に都道府県会議員を対象にした研修会を東京都内で開催し、希望者を翌日の桜を見る会に出席させていた。

これは社会部の記者が各地の支局を通じて取材し分かったことだ。自民党都道府県連などに確認したところ、少なくとも大阪や岐阜で「研修会に出席すれば『見る会』に出られた」ことが分かった。党内からは「総裁選に向けた党員票固めだ」との声もあったという。

研修会に出た議員らによると、研修会では総裁選に関する直接の言及はなかったものの「希望すれば桜を見る会に出席できる」などと呼びかけていたともいう。

桜を見る会については例年、大部分の自民党都道府県連の幹部に招待状が届いていたが、総裁選があった18年は少なくとも京都（28人）、福島（29人）、滋賀（22人）の3府県連に所属するほぼすべての府県会議員が招待されていた。関係者によると、他県の全県議会議員にも招待状が届いていた可能性があるという。

ジェーシー・コムサ社と昭恵氏の関係は

おかしなことはまだある。桜を見る会の酒や料理を提供する業務を、第2次安倍政権下でずっと内閣府から受注している食品関連会社のジェーシー・コムサ（東京都）と首相の妻昭恵氏の親密な関係だ。

昭恵氏のフェイスブックには「夕食を楽しみました」とのコメント付きで、14年2月23日に安倍首相夫妻とジェーシー・コムサのアーネスト・M・比嘉取締役ら計6人が東京都内のレストランで会食した際の写真がアップされている。14年12月30日にも、首相夫妻が比嘉氏ら友人と夕食を楽しんだと投稿された。

ジェーシー・コムサのホームページによると、前身の「ジェーアンドシーカンパニー」が1964年に創業。日本におけるピザ製造・販売のパイオニアとして知られる大河原愛子氏が会長を務め、居酒屋「一番どり」や宅配「上海エクスプレス」などの事業を幅広く手がけている。

中川達司・コムサ事業本部COO（最高執行責任者）によると、比嘉氏は大河原会長の弟。比嘉氏の妻が昭恵氏の学生時代からの友人で「安倍氏が首相になる前から家族ぐるみの付き合いをしている」という。ただ、中川氏は「桜を見る会には安倍政権が発足するずっと前からサービスを提供しており、お友達だから受注しているわけではない」と強調した。

ただ、11月20日の衆院内閣委では、今井雅人議員（無所属）が「この会社は役員が安倍昭恵さんと仲がよい。それがずっと仕事を続け、しかも委託費が膨れ上がっている」などと、政府の発注に疑問を呈した。

桜を見る会の飲食物提供業務は、内閣府が公表している2014年以降、ジェーシー・コムサが毎年受注している。受注額は14年の約1349万円から、19年には約2191万円と大きく増えた。中川氏によると、会が中止になった11、12年を除き、20年以上前からフライドチキンなどの料理の提供を手がけ、13年からは酒を含む飲食物を一括して提供するようになったという。

なぜ、ジェーシー・コムサが毎年受注しているのか。内閣府によると、この業務の発注先は、業者が提出する企画書などを政府側が審査し、契約する「企画競争」で選んでいる。14、16、18、19年は、企画書を提出したのはジェーシー・コムサのみ。15、17年はもう1社応募があったが、いずれもジェーシー・コムサが受注している。

また、政府は22日に閣議決定した答弁書で、桜を見る会で首相の地元の日本酒「獺祭《だっさい》」

が振る舞われていたと公表。内閣府に取材したところ、ジェーシー・コムサは17、18年の桜を見る会で、獺祭と神戸市の酒造会社がつくる「菊正宗」を提供。19年には福島県の「奥の松」も加えられた。ジェーシー・コムサが内閣府に数種類の日本酒を提案し、内閣府の事務方が「獺祭は首相主催の会ということを考慮して選んだ」という。

ジェーシー・コムサの中川氏は19日に大場が取材した際には「たる酒や升は当社が用意したが、獺祭はうちじゃない。内閣府が持ってきたんじゃないか」と述べていた。もし万が一、安倍事務所が獺祭を差し入れていた場合は公選法違反になりかねない。野党も納入経路には関心を持っていた。ただ、22日の閣議決定後にもう一度確認すると、中川氏は「やっぱりうちが獺祭も取り寄せていた」と答えを変えた。

蓮舫氏の電話番号が漏れた⁉

このほか、立憲民主党の蓮舫参院幹事長が桜を見る会について政府に問い合わせた内容と携帯電話番号が、ジェーシー・コムサ側に漏れていた疑いもある。

蓮舫氏や関係者によると、ジェーシー・コムサの大河原毅ＣＥＯ（最高経営責任者）から11月20日、蓮舫氏の携帯電話に着信があり、事務所を通じて連絡したところ「内閣の方から妻に連絡があり、蓮舫さんが調べていると聞いた」「妻や弟は総理夫人と学生時代から懇意」などと語ったという。蓮舫氏は大河原氏と面識がなく、22日の参院予算委理事懇談会で政府に経緯を調べるよう求めていた。

蓮舫氏は26日、国会内で記者団に「(業者に)接触した内閣府職員が特定できた」と明らかにした。政府が職員に聴取中で、蓮舫氏は「携帯番号の出どころは分からないが、なぜ接触をしたのか、どういう理由で情報を漏らしたのかを、処分にも関わることなので丁寧にヒアリングしているとのことだった」と述べた。

ただ、その答えはなかなか来なかった。蓮舫氏は12月3日、記者団に「今、処分も含めた対応をしているので、これ以上の説明はできないという、きわめて前向きではない対応になった」と批判した。12月26日現在、この件について政府の動きはないままだ。

第3章

消えた明細書

疑惑にまみれた前夜祭

「桜を見る会」問題で、もう一つ大きなキーワードとなっているのが首相後援会が主催した「前夜祭」だ。野党は公職選挙法違反や政治資金収支報告書への不記載があるとして追及している。常識に照らして不自然なことがあまりにも多いからだ。そして、内閣府が介在する桜を見る会と違い、首相を直撃する疑惑でもあるのだ。

２０１９年の前夜祭は桜を見る会の前日の４月12日、ホテルニューオータニ東京（東京都千代田区、以下、ニューオータニ）の「鶴の間」で開かれ、約８００人が出席したとされる。13年から開かれており、13、14、16年はＡＮＡインターコンチネンタルホテル東京（東京都港区、以下、ＡＮＡインターコンチネンタル）、15、17、18、19年はニューオータニで開かれた。

前述したように、前夜祭は安倍晋三後援会が主催で、参加者は主に安倍首相の地元である山口県下関市などから集まった。桜を見る会への参加とセットになったツアーの一部になっており、参加申し込みは首相の事務所が取りまとめていた。

下関支局などの取材によれば、次のようなものだった。

安倍事務所が2月上旬か中旬に支援者に送った「『桜を見る会』のご案内」と題したツアーの案内文（71ページ参照）には「ご出席を希望される方は、安倍事務所または、担当秘書までご連絡ください」と記されている。つまり、首相の支援者が希望すれば出席できることが前提になっている。

内閣府が招待状を発送したのは3月10日ごろだ。しかし、2月下旬に送られたとみられる「『桜を見る会』について（ご連絡）」と題した資料には「この度は、総理主催『桜を見る会』へのご参加を賜《たま》わり、ありがとうございます」とある。「安倍事務所ツアー案」という別紙がついており、A、B、Cの3コースの日程が記されていたが、どのコースを選んでも前夜祭には参加することになっていた。コース選択の締め切りは3月8日だった。

ある下関市議は「安倍事務所から『行きませんか』と連絡があり、応じたら案内状が来た。飛行機で東京へ行き、貸し切りバスで行動した。ホテルは指定された。費用は自腹で、旅行会社に直接払った」と話した。

ツアーは、地元の旅行会社が企画した形になっていた。しかし、前夜祭に旅行会社が関与した形跡は見当たらない。安倍事務所が参加者に配ったアンケートには、会費5000円を「当日、受付でお支払下さい」と記されている一方、飛行機やホテルの手配の必要性

平成３１年２月吉日

各　位

あべ晋三事務所
☎083-266-

『桜を見る会』について（ご連絡）

この度は、総理主催『桜を見る会』へのご参加を賜わり、ありがとうございます。

つきましては、４月１２日～１３日のスケジュールおよび開催概要をご連絡いたしますので、別紙アンケート用紙にご記入のうえ、期日までにご返信くださいますようお願いいたします。

なお、都内観光ツアーにつきましては、各コースとも人数に制限がございますのでお早目のお申し込みをお願いいたします。

開催概要

○都内観光ツアーについて
Ａ・Ｂ・Ｃの３コースを予定しております。（詳細は別紙参照）

○夕食会について（予定）※開始時間が若干変更になる場合があります
日時　４月１２日（金）　１９：００
会場　ホテルニューオータニ
会費　５０００円（18歳以上お一人様）　※当日、受付でお支払下さい。
主催　あべ晋三後援会

○桜を見る会について
① 会場送迎バス　（ ホテル ⇔ 新宿御苑 ）※号車は、後日ご連絡いたします。
出発時間　７：００　※時間厳守でお願いします。
出発場所　ホテルニューオータニ
② 総理夫妻との写真撮影は、バス号車ごとに行います。
送迎バスに乗車されない方は、総理夫妻との写真撮影が困難となりますことをご了承ください。
③ 服装は平服でかまいません。

○招待状について
① 招待状は内閣府より、直接、ご連絡いただいた住所に送付されます。
② ご夫妻でお申し込みの方は、ご主人様宛てとなっております。
③ １８歳未満の方は、保護者宛てとなっております。
④ 代理でのご出席、および再発行はできませんので、ご了承ください。
⑤ 招待状を紛失された方は、身分証の提示が必要となる場合があります。

2019年2月下旬に安倍事務所から支援者に送られた「『桜を見る会』について（ご連絡）」（画像の一部を加工しています）

FAX. 083－267－[redacted]（あべ事務所行）　3月8日までにお申し込み下さい

≪申し込み≫　18歳以上の方、全員に申し込み用紙をお送りしております。

氏　名	（連絡先）		
お子様（18歳以下）			

桜を見る会アンケート（4月12日～4月13日）

※ 該当箇所に✔印をつけて下さい。

【観光コース】（4月12日）※別紙参照	（　）Aコース（　）Bコース（　）Cコース （　）観光コースは利用しない
【夕食会】 日時：4月12日(金)19時～ 会場：ホテルニューオータニ 会費：5,000円　※18歳以上	（　）参加　※会費は、当日、受付でお支払下さい。 （　）不参加
桜会場へのバス利用（ホテル7:00発）予定	（　）利用する（往復・行きのみ） （　）利用しない
飛行機の手配（不要の場合も記入）	（　）あべ事務所で手配（往復・帰りを変更） （　）自分で手配
ホテルの手配（不要の場合も記入）	（　）あべ事務所で手配（宿泊先：ホテルニューオータニ） ※部屋タイプ（シングル・ツイン・ダブル） （　）自分で手配

※諸経費につきましては、下記を参考にして下さい。（お一人様／単位：円）

※金額は、おおよその額です。参加人数等によって変わります。

※12日の昼食代を含んでいます。（A・Bコース）　※旅行会社より後日請求書発行

往復飛行機代＋ホテル代（1泊朝食付）＋移動バス代＋観光施設				桜会場へのバスのみ利用の方
	Aコース	Bコース	Cコース	
3名1室	65,000	64,000	60,000	片道 1,200 往復 2,000
2名1室	65,000	64,000	60,000	
1名1室	79,000	79,000	75,000	

帰りの飛行機を変更される方は、搭乗日と飛行機便、その他ご希望等をご記入下さい。

連泊される方は「桜を見る会」終了後、ホテルまたは現地で解散となります。

2019年2月下旬に安倍事務所から支援者に送られた「桜を見る会アンケート」（画像の一部を加工しています）

の有無、前夜祭への参加・不参加を問う項目がある。

会費5000円は本当か

前夜祭の出席者によると、19年の前夜祭は立食形式のパーティーで、アルコールは飲み放題だった。一つの円テーブルを25～30人で囲み、料理は銀色のプレートに並んだオードブルや炒め物、パスタなど。会場内には、安倍首相と一緒に写真を撮るための行列ができたという。

宴会が始まる前にはシャンソン歌手のケイ潤子さんが歌を披露した。ケイさんは社会部の取材に「ノーギャラで5～6曲歌った」と話している。

安倍事務所ツアー案(別紙)

コース	A		B		C	
4/12（金）	7:45	宇部空港発　ANA692	7:45	宇部空港発　ANA692	7:40	宇部空港発　JAL290
	9:20	羽田空港着	9:20	羽田空港着	9:15	羽田空港着
	10:30	築地本願寺　見学	10:30	目黒雅叙園・百段階段	11:00	カップヌードルミュージアム横浜 見学
	11:50	シンフォニーランチクルーズ		(見学・バイキング昼食)	12:30	山下公園・横浜中華街
		(昼食)	13:20	浅草寺・仲見世通り　散策		(散策・自由昼食)
	14:15	お台場散策(豊洲市場ほか)	15:45	ホテル着	15:45	ホテル着
	15:45	ホテル着		ニューオータニ(泊)		ニューオータニ(泊)
		ニューオータニ(泊)				
	19:00～	あべ晋三後援会　夕食会　会場：ホテルニューオータニ（会場未定）				
4/13（土）	7:00～	ホテルニューオータニ　発　※随時出発				
	7:30～10:30	桜を見る会〔新宿御苑〕　※総理夫妻と記念撮影				
	11:10	ホテルニューオータニ　着（12:00チェックアウト）				
						（自由行動・昼食）
	12:40	ホテル　発	12:40	ホテル　発	14:00	ホテル　発
	13:30	羽田空港　着	13:30	羽田空港　着	15:00	羽田空港　着
		（自由行動・昼食）		（自由行動・昼食）		（自由行動）
	15:15	羽田空港　発　ANA697	15:15	羽田空港　発　ANA697	16:40	羽田空港　発　JAL295
	16:55	宇部空港　着	16:55	宇部空港　着	18:20	宇部空港　着

2019年2月下旬に安倍事務所から送られた、ツアー案がまとめられた「別紙」

前夜祭を巡る疑惑については、主に大場が追いかけてきた。

ホテルニューオータニといえば、誰もが知っている日本の代表的な一流ホテルである。そこでの豪華なパーティーが、本当に5000円の会費制でできるのだろうか。最初からつきまとっている疑問である。

ニューオータニのホームページでは、立食パーティーのプランは1人1万1000円からと紹介されている。この差額を安倍事務所が補塡《ほてん》したのではないか、との疑念が浮かんでくる。野党が追及しているのもこの点だ。

800人が来たとすれば総額は400万円となる。政治資金に詳しい上脇博之・神戸学院大教授（憲法学）は、大場の取材にこう指摘した。

「ニューオータニのような一流ホテルであれば、数百万円の不足が出る可能性が高い。仮に不足分を首相側が補塡した場合、選挙区内の有権者に対する寄付行為を禁じた公職選挙法に抵触する可能性がある。プロ歌手の歌を聞かせることも寄付行為にあたる可能性がある」

なぜ政治家は選挙区内の有権者に寄付してはいけないのか。それは、民主主義がゆがめられてしまう恐れがあるからだ。選挙制度は、有権者が政党や候補者の主張を自由な意思で判断し、投票することを前提に成り立っている。しかし、候補者側から何らかの利益を与えられれば、それによって投票が誘導されてしまう恐れがある。フェアな選挙ではなくなる、ということなのだ。

収支報告書に不記載のナゾ

補塡疑惑をさらに深めているのが、まず、政治資金収支報告書にこの前夜祭の記載がないことだ。野党は「収支報告書に記載がないのは公選法違反を隠す目的だったのではないか」と追及している。

政治家の後援会など政治団体がパーティーを開くと、集めたパーティー券代を政治資金収支報告書の収入の欄に、会場代や飲食代などの費用を支出の欄に記入しなければならない。総務省と山口県選挙管理委員会に届け出がある首相の関連政治団体は18年末時点で六つ。だが、どの団体の政治資金収支報告書にも、少なくとも15年以降、前夜祭の収入・支出の記載は見当たらない。

この「ナゾ」について首相はこれまで、国会や記者団にこう説明してきた。

「会場入り口の受付で安倍事務所の職員が1人5000円を集金し、ホテル名義の領収書をその場で手交し、受付終了後に集金した全ての現金をその場でホテル側に渡すという形で、参加者からホテル側への支払いがなされた。安倍晋三後援会としての収入・支出は一切ないことから、政治資金収支報告書への記載は必要ない」

安倍事務所の職員は単に集金を手伝っただけだという理屈だ。

だが、元東京地検特捜部検事の郷原信郎弁護士は首相の説明を一蹴する。郷原氏は統合デジタル取材センターの吉田卓矢記者の電話取材に「首相の説明は全く通る余地がありませんね」と話した。

吉田は11月16日の土曜日、当番だった日に「『桜を見る会』安倍首相の説明に疑問の声　領収書、何が問題か？」という記事を書いている。取材班の手が回らないときは、こうしてほかの記者も助太刀をするのである。郷原氏はこう説明した。

「事務所側が取りまとめてホテル側に支払った時点で支出、参加者から会費を受け取っている時点で収入がそれぞれ発生しているため、収支報告書に記載する必要があります。たとえそれが同額であったとしても、不記載は政治資金規正法に抵触します」

前出の上脇氏はまた、こうも指摘する。

「安倍事務所が後援会員に案内状を送り、前夜祭の参加者を取りまとめているので、少なくとも郵送代、印刷代、スタッフの旅費などはイベントの支出として書かなければいけません」

しかも、ほかの後援会イベントの収支は収支報告書に記されている。「前夜祭には何か収支を書きたくない理由があったとしか思えませんね。補塡などの疑念が出るのは当然です」と上脇氏は話す。

だから、野党は「収支報告書に記載がないのは、公選法違反を隠す目的だったのではないか」などと追及しているのである。

パーティーの明細書、出すも出さぬもホテル次第!?

さらに、前夜祭で提供されたサービスや価格が分かる明細書をホテルからもらっていない、と首相が言い続けていることも疑惑に輪をかけている。

首相は11月20日、参院本会議で那谷屋正義議員（立憲民主）に前夜祭について質問され、こう答弁している。

「13年以降、毎年、桜を見る会の前日に夕食会（前夜祭）を開催している。主催者は安倍晋三後援会であり、各種段取りについては、私の事務所の職員が会場であるホテル側と相談している。事務所に確認した結果、その過程において、ホテル側から明細書等の発行はなかったとのことだ」

パーティーの主催者に対し、ホテルが明細書を出さないなどということが本当にあるのだろうか。

ニューオータニは大場の取材に「一概には言えない」（広報担当者）と口を濁している。しかし、もう一つの会場だったＡＮＡインターコンチネンタルに「13年以降、明細書など料金の総額が分かる書類を主催者側に例外的に発行しないケースがあったか」と問い合わせたところ、広報担当者は「なかった」と明言した。この説明に基づけば、首相の国会答弁には疑問符がつく。

ニューオータニもＡＮＡインターコンチネンタルも、前夜祭については「個別のお客様の情報に

第2次安倍政権になってから開かれた桜を見る会の前夜祭

	ホテル	宴会場
2013年4月19日	ANA インターコンチネンタルホテル東京	不明
14年4月11日	ANA インターコンチネンタルホテル東京	プロミネンス
15年4月17日	ホテルニューオータニ東京	鳳凰の間
16年4月8日	ANA インターコンチネンタルホテル東京	ギャラクシー
17年4月14日	ホテルニューオータニ東京	鳳凰の間
18年4月20日	ホテルニューオータニ東京	鳳凰の間
19年4月12日	ホテルニューオータニ東京	鶴の間

ついてはお答えできない」との立場だ。しかしANAインターコンチネンタルは取材に対し、通常の手続きについては具体的に説明している。

「主催者には総額の明細書を発行し、領収書は必ずお客様に明細書を確認していただいた上で発行します。明細書の保存期間は7年間で、主催者に対して再発行は可能です」（広報推進担当）

ANAインターコンチネンタルによれば、こうした大規模なパーティーの場合、①ホテルが見積書を提示②主催者が見積金額を支払う③パーティーの後にホテルが明細書を提示④主催者が明細書を確認して見積金額との差額を精算⑤ホテルが領収書を発行――というのが一般的な流れだという。

そして「政治家だからという理由でこれらの原則を変えることはありません」（広報推進担当）とも回答している。

また、野党の追及本部が12月10日、ニューオータニを訪れて聞き取りをしたところ、宴会担当者が一般論として「明細書や領収書は7年間保管しており、主催者から要請があれば再発行は可能」と話したという。追及本部の幹事を務める今井雅人衆院議員（無所属）が、記者団に明らかにした。

もし、首相側が問題のないことを証明したいのなら、ニューオータニから明細書や領収書を改めて発行してもらえば済む話だ。

今井氏によれば、ニューオータニではパーティーの場合、前日午前までに人数を確定させているという。今井氏は「あれだけの大人数なら当日来られない人も出るだろう。首相の言う通りなら、当日その分を誰かが払わないといけない。本当にそんな運営をしていたのか」と、首相の説明に疑問を呈している。

不可解な「宛名のない領収書」

さらに不可解なことがある。ニューオータニで開かれた15年と18年の前夜祭では、参加者が「株式会社　ニュー・オータニ」が発行者となっている宛名が書かれていない領収書を受け取っていたのだ。

前出の郷原弁護士はこう指摘する。

「ニューオータニほどの一流ホテルが、宛名のない領収書を大量に発行するというのは本来あり得ません。領収書の発行者名が『株式会社　ニュー・オータニ』だったとすると、そもそもホテルのスタッフが現場で発行する正規の領収書だったのかどうかも分かりませんね」
宛名のない領収書は改ざんによる脱税などを招きかねない。ANAインターコンチネンタルは大場の取材に「宛名のない領収書を発行することはない」と断言している。

さらに、首相の主張と矛盾する証言も出ている。首相は国会で「受付で安倍事務所の職員が1人5000円を（ホテルの代わりに）集金した」と答弁しているが、山口県下関市の田辺よし子市議（無所属）は12月19日、国会内で開かれた野党追及本部のヒアリングで、「（19年の桜を見る会に参加した）女性団体の方は、全く前夜祭もフリーパスで、お金も払わないけれど、3人で入って行ったと。お金を取っているとか、取っていないとか、誰がどこで決めたのか分かりません」と証言した。

ヒアリング後、田辺市議は報道陣に、会費を払わなかった3人のうち1人が「『桜を見

2015年の桜を見る会前夜祭の出席者が受け取った領収書。宛名が空欄で発行者は「株式会社　ニュー・オータニ」となっている（画像の一部を加工しています）

る会のツアー代金に含まれていると思い、会費を支払わずに入場した』と話していた」と説明した。

また、田辺市議はヒアリングで「ホテルニューオータニとはっきり記載した領収書を見た人は、下関には誰もいません。前夜祭に行った時に入り口に誰か分かりませんが、お金を回収する人がいて5000円を渡したという人はいます。ただ、ニューオータニと書かれた領収書はもらっていない。お金を渡しっぱなしだったとのことです」とも証言した。

即位の礼関連の「晩餐会」を受注したニューオータニ

実は、前夜祭が開かれたニューオータニの「鶴の間」は19年10月23日、天皇陛下の即位礼正殿の儀に関連して安倍首相夫妻が主催した「晩餐会」の会場にもなった。開催予算は約1億7200万円でニューオータニは随意契約だった。入札にしなかったことについて内閣府の皇位継承式典事務局は「当日、前日とも使用可能」「当日に別の大きなイベントがない」など4項目について調査し「すべてクリアしたホテルはニューオータニのみだった」と説明している。

甲南大法科大学院の園田寿教授（刑法）は大場の取材に「あくまでも推測ですが」と前

置きした上で、こう話した。

「ホテル側が即位礼の『晩餐会』の受注を見込んで前夜祭の料金を大幅値引きした、という可能性も考えられますね」

そして、園田氏はこう指摘した。「そうでないというなら、首相やホテル関係者はきちんと説明すべきでしょう」

立憲民主党など野党4党の追及チームは、前夜祭の追及点として、公職選挙法違反（寄付行為）の疑い、政治資金規正法違反（収支報告書の不記載）の疑い、ホテルによる贈収賄の疑惑――の3点を挙げている。

招待を巡る「地元の事情」

前夜祭も、桜を見る会本体と同じように肥大化している。首相の地元・山口県下関市の安倍事務所が関与した招待者が5年前に比べてほぼ倍増したようだ。以下、下関支局など西部本社の記者たちの取材で浮かび上がってきた事実だ。

前述したように、安倍首相は19年の前夜祭参加者を約800人だと説明している。一方、14年の前夜祭に参加した地元の友田有《たもつ》県議のブログ（現在は削除）には、前夜祭について

「県内外からの招待客約400人」と書かれていた（44ページ参照）。

　そして15年の前夜祭に参加した下関市議は「500～600人くらいと聞いた」と証言している。招待者は毎年増え続けてきたことがうかがえる。

　安倍後援会関係者によると、かつての前夜祭は立食ではなく、着席形式だったという。参加者は数十人程度で「ビュッフェではあったが、落ち着いた雰囲気だった」と、この関係者は証言している。別の後援会関係者もこう言う。「最初は事務所による招待は叙勲を受けた人など数人だった。第2次安倍政権になって年々増え、まるで後援会の慰安旅行のようになった」

　参加者の顔ぶれも大きく変わったという。前夜祭に参加したことのある下関市の会社社長によると、招かれていたのは以前は「団体や協会の会長とか財界の幹部とか」だった。しかし、やがて一企業の経営者にすぎない自身も招かれるようになった。「呼ばれた時は『なんで私が』とびっくりした」と社長は言う。招待者の拡大ぶりは地元の支援者から見ても異常だったようだ。

　なぜ人数が急増したのだろうか。はっきりとした理由は分からない。ただ、首相に近い会派の市議は「日ごろ世話になっている人に前夜祭に出たいと言われたら、安倍事務所は断りにくい」と話す。

安倍首相の秘書だった下関市の前田晋太郎市長は下関支局の取材に「新しい人が来ても、うーんって事務所長が悩んでいた」と明かしている。


安倍首相は下関市と長門市で構成される衆院山口4区の選出だ。そして、地元で国会議員として安倍首相のライバル関係にあるのは、同じ自民党の林芳正参院議員だ。参院なので山口県全県が選挙区だ。

首相に近いか林氏に近いかで桜を見る会に呼ばれる頻度に差がつくケースもある。例えば、安倍首相の元秘書の前田市長は17年の初当選以来、3年連続で出席した一方、中尾友昭・前市長はそれまで2期8年務めながら1回しか出席していない。中尾氏は林氏に近い。

この対立の歴史は長い。下関市は中選挙区時代の旧山口1区の一部で、安倍首相の父晋太郎氏や林芳正氏の父義郎氏らの地盤だった。１９９６年の小選挙区制導入で義郎氏は比例に転出。長男芳正氏は参院議員となったが、地元では衆院にくら替えして首相を目指すべきだという声が根強い。

こうした経緯から、下関市では双方の支援者が市長選など選挙のたびに対立してきた。

中尾氏は市長選で安倍首相に近いとされる候補を降し2期務めたが、2017年に小差で前田市長に敗れた。

中尾氏は15年だけ桜を見る会に出たが、前夜祭は一度も出ていない。中尾氏は取材に対してこう話した。

「東京出張とタイミングが合ったから参加したが、写真も撮らずにすぐ帰った。その後の招待はたぶんなかった。（安倍首相に）あまり可愛がってもらってなかったから」

前田市長は11月18日の記者会見で、桜を見る会や前夜祭について問われ「何十年も応援した代議士がトップを取り、招待状が届いて、今まで応援してきてよかったなって、いいじゃないですか」などと、首相が支援者を招待することを擁護した。

この記者会見の一問一答が毎日新聞のニュースサイトに載ると、「形を変えた首相の本音かな？」「各界で功績のあった方々って話は完全に吹き飛んでいるの？」などとSNS上で批判の的になった。その一部を紹介する。

――一連の報道をどう受け止めているか？

領収書などお金のやりとりは適正にやっていると本人や事務所が主張している以上、公職選挙法（違反）には当たらない。問題は人数が多くなったことなどになってくるのかなと。ただ、規定で上限ってあるんですか。ないでしょ？　税金でっていう言い方するんだったら、最初に開催した昔の首相からおかしな話なんじゃないですか。

――人選についてはどうか？

そこらへんになるとあまり言わない方がいいね。

――規模が大きくなりすぎたという指摘については？

私が行ってみて思うことは、やっぱり70、80歳のおじいちゃん・おばあちゃんたちがネクタイぴしっとしめて、着物着て、人生一番の大勝負で新宿御苑に向かうんですよ。あの時、あの喜んで行っている姿を見ると地方を元気にしてくれている会だなと思っていました。我々、地方の人間が新宿御苑に足を踏み入れることなんてなかなかできないんですよ。ものすごく名誉なことを受けている方が増えていくのは悪いことなんですかね。

――市長に就任した後も毎年行っているか

行っています。3回とも政務で。

――（市長には）どちらから招待が来たか

総理大臣からじゃないですか。

――「功績・功労のあった方」が対象ですが、市長就任後はどのようなお立場で

それはどうなんでしょうね。分かりません。

――参加したのにどういうお立場で参加したか分からないのか

地元市長じゃないですかね。

――どちらからの招待か。安倍事務所か

いえいえ。何ですかそれ。

――公務じゃなく政務なら、地元市長として参加したのか

分かりません。元秘書かもしれませんね。

――公私混同の指摘があるが、政治家としてどう思うか

難しいですね。総理が判断していることで、私が言うことではないので。

第４章

記者VS安倍官邸

政治部記者と政治家の関係

「桜を見る会」の問題を考える時、避けて通れないのがメディアと首相官邸の関係である。「なぜメディアはもっと政府を批判しないのか」「首相と会食するような新聞はもう信用しない」――こうした声は、統合デジタル取材センターのツイッター公式アカウントにも毎日のように寄せられている。

いや、これは今回に限ったことではない。記者、特に政治部記者は権力と癒着しているのではないか。そういう批判はネットが登場する以前からずっと続いている。

取材班の中でも、かつて政治部にいた大場は、内心じくじたる思いを抱えていた。「新聞の仕事は事実を伝えること。そのためには政治家の懐に入らなければいけないこともある」「でも、今回の問題をきちんと伝えられないようでは、完全に読者に見放されてしまう」――そういう思いの中で揺れていた。

だが、桜を見る会の取材・報道を通じて首相官邸と記者との関係に微妙な変化が生まれていることも統合デジタル取材センターの取材班は気づいていた。それはいったい何なのか。「足場を持たない」ハンディを逆手にとって、自分たちの会社も含めた政治部記者と首相官邸の関係を、ちょっと斜めから取材してみよう――。取材班は、そんな試みもすることにした。

桜を見る会を巡る記者と首相との攻防に分け入る前に、政治報道を取り巻く現状を見ておきたい。

首相官邸で平日午前と午後の1日2回開かれる官房長官記者会見。出席しているのはほとんどが首相官邸の記者クラブ「内閣記者会」に所属する政治部の記者たちだ。

「厳しい質問がほとんど出ない」「質問せずに、ひたすらパソコンを打っている」――。そんな批判を受けるようになって久しい。

なぜ、そうなってしまうのか。政治部の経験がある大場は次のように考えている。

一つは、記者会見などのオープンな場での取材よりも、水面下で入手する独自情報を重視する政治部記者の文化だ。

政治部記者は一般的に、オフレコでないと政治家のホンネは聞き出せないという意識が極めて強い。だから長時間労働の弊害を指摘されながらも朝晩、政治家の住まいを訪れては一対一になるチャンスを作り、オフレコ取材を繰り返す。やがて自分だけが重要な情報を教えてもらえるような関係を築いて特ダネを書く。それが政治部記者の醍醐味《だいごみ》といわれてきた。

もっとも、これは政治部記者だけではない。社会部記者なら検察や警察の幹部に同じような取材をしている。

いずれにせよ、そういう政治部記者が新聞社やテレビ局の中でも高く評価されてきたという面もある。記者会見で政治家を問い詰めるような記者は、あまり評価されてこなかったのだ。

だが、オフレコ重視の取材には、情報源にコントロールされやすいという負の側面がある。

記者が仕事をする中で最も恐れるのは「特オチ」と言ってもいい。他の記者が皆知っているのに自分だけが知らず、自分が所属するメディアだけそのニュースが載らないことを言う。自分だけが報じる「特ダネ」の逆である。プライドが傷つくだけでなく、デスクや先輩からの叱責も待っている。

そうすると、特オチを防ぐために、記者は有力政治家に対してどうしても下手に出ることが多くなる。

そして、政治家はそうした記者たちの心理をよく知っている。ライバル関係にある記者に別々に情報を与えて競わせる。番記者がつくような有力政治家の中には、番記者の中でも特に忠誠心の高い記者を選んで「インナー」と呼ばれる秘密会合を持つ人もいる。そうして、自分に有利な情報発信をしてくれる記者を味方につけていくのだ。

もちろん、すべての政治部記者や政治家がそうだというわけではない。ただ、オフレコ重視の文化がずっと続いてきたのは確かであり、その積み重ねが記者会見の軽視を生み、そして形骸化を生んでいる側面があることは否めない。

望月記者への「質問制限」とメディアの分断

記者会見を巡っては政権側の問題もある。

菅義偉官房長官の記者会見で政権に厳しい質問を繰り返す東京新聞・望月衣塑子《いそこ》記者と首相官邸の対立はよく知られている。

官邸報道室は２０１８年12月28日、米軍普天間飛行場（沖縄県宜野湾市）の移設に関する質問を巡り「東京新聞の特定の記者による質問について事実誤認等があった」とし、内閣記者会に上村秀紀・報道室長名で「正確な事実を踏まえた質問」を要請する文書を出した。

記者会は報道室に「質問を制限することはできない」との見解を伝えたものの、望月記者の質問中に司会の上村室長が何度も「簡潔に」と言葉を挟むなどの妨害的な行為をしたり、菅氏も「あなたに答える必要はありません」と言って会見を打ち切ったりしたことがある。

だが、官邸記者たちが一致して望月記者を支える雰囲気になっているかというと、そうでもない。

19年6月には日本新聞労働組合連合（新聞労連）が望月記者への質問制限をテーマにシンポジウム「官邸会見の役割から考える～ジャーナリズム、本音と建前～」を開き、新聞労連が政治部記者33人から回答を得たアンケート結果が発表された。

官邸の申し入れに納得できるかという質問に「納得できる」と答えた記者はいなかったが、6人が「どちらかと言えば納得できる」と答えていた。その理由として「記者会見は質問の場で主義主張をアピールする場ではない」などが挙がっていた。

「どちらかと言えば納得できない」は6人、「納得できない」は15人だった。

シンポジウムに登壇した政治部出身の与良正男・毎日新聞専門編集委員は背景にあるメディアの分断を指摘した。「今やメディアは、安倍さんのことを何でも許すメディアと何でも批判するメディア、両極端に分断された。政権に都合良く利用されている」

また、林香里・東大大学院教授（ジャーナリズム研究）はオフレコ重視の取材手法が「記者会見の形式化を招き、権力側を甘やかしてきたのではないか」と指摘した。

しかし、桜を見る会の一連の報道の中では、そうした状況が少し変わってきたのではないかと思わせることが起きているのである。

総理番が総理に負けた日

新聞・テレビの政治部には「総理番」と呼ばれる記者がいる。ほぼ一日中、首相に張りついて、その動静や言葉を取材する記者のことだ。政治部１年目の最若手が担当することが多い。

だが、桜を見る会を巡っては、この総理番たちが最前線に立たされる場面が少なくとも２回あった。

最初は11月15日だ。この日、安倍晋三首相は２回、首相官邸のエントランスで総理番記者たちの「ぶら下がり」に応じた。ぶら下がりとは、記者会見のように大がかりではないものの、記者団が取材対象者を囲んで質問する形式の取材のことだ。首相の場合は通常、テレビカメラの前で1、2問の質問を受けて終わる。

昼のぶら下がりで首相は、自身の後援会関係者が桜を見る会に多数出席していた問題について「国会から求められれば出ていって説明するのが当然のことだ」などと語った。

異例だったのは2回目だ。中国で拘束されていた北海道大教授が解放されたこともあり、桜を見る会と合わせてぶら下がりに応じるよう、首相官邸の記者クラブ「内閣記者会」はその日、2回目のぶら下がり対応を首相側に要請していた。

すると首相秘書官が夕方「これから応じる」と幹事社の総理番に伝えてきた。その約10分後にエントランスに現れた安倍首相は「さまざまな報道があり、事務所から詳細について今日報告を受けた」として、桜を見る会について語り始めた。

首相は30問を超える質問に約20分間かけて答えた。政治部の取材によれば、首相は質問が尽きるまで取材に応じる構えで臨んだのだという。一向に収まらない批判を何とか沈静化させようと考えていた首相は、ここで終止符を打とうとしていたようだ。

この時の取材メモを見ると、このぶら下がりは首相の「完勝」だったことが分かる。首相は盛んに「今、質問してください」と促している。ここでケリをつけてしまいたいというニュアンスがにじむ。そして桜を見る会には「皆さんの会社のトップ、幹部、キャップも来る」などと、若い番記者たちを威圧するような言葉もあった。

　それに対して番記者の質問は突っ込み不足が目立った。準備不足と言ってもいい。最初から最後まで、首相に主導権を握られていた。

　少し長くなるが、次のようなやりとりだった。


首相「桜を見る会の前日に行われた夕食会について、事務所からですね、詳細について今日報告を受けました。夕食会含めて旅費、宿泊費等の全ての費用は参加者の自己負担で支払われております。安倍事務所なり、安倍晋三後援会としての収入、支出は

大勢の記者団を前に自身主催の「桜を見る会」を巡る問題について質問に答える安倍晋三首相（右端）。15日、首相官邸で2度にわたって取材に応じる異例の対応を行い、「火消し」に躍起となった＝首相官邸で2019年11月15日、川田雅浩撮影

一切ございません。旅費、宿泊費は、各参加者がそれぞれ旅行代理店に支払いをし、夕食会費用につきましては、夕食会場の入り口の受付にて安倍事務所職員が、1人5000円を集金をし、ホテル名義の領収書をその場で手交し、受け付け終了後に集金した全ての現金を、その場でホテル側に渡すという形で参加者からホテル側への支払いがなされたということです。なお、夕食会の価格設定が安すぎるのではないかという指摘がございます。参加者1人5000円という会費については、大多数が当該ホテルの宿泊者であるという事情等を踏まえ、ホテル側が設定した価格であるとの報告を受けております。この点に関してご質問ございますか？」

記者「功労、功績のあった方が参加資格。一方で安倍事務所がツアーを募集しているようですが」

首相「参加者のあり方については、内閣府、内閣官房で取りまとめを行っています。その際に総理、副総理、官房長官、官房副長官からの推薦を長年の慣行で受けており、その中で私の事務所も対応していたということです」

記者「野党側は国会の場で説明をすべきだと主張していますが」

首相「ああ、それは国会のことですから、国会がお決めになることだろうと思っています。

政府としては国会から求められれば、説明責任を果たすのは当然のことだろうと思っております。何か。中身について」
記者「予算委員会について、野党の求めに対して与党が応じていません」
首相「それね、（笑いながら）ええ。国会のことは国会で決めるという、これはルールですね。ぜひ皆さんも、今ここでもしご質問があるんであれば、聞かれたらどうかと思いますが」
記者「桜を見る会には、どんな方が参加されるというご認識だったのか」
首相「叙勲を受けられた方々もおられますし、まさに皆さんの会社のトップの方、幹部の方、あるいは報道機関のキャップの方等たくさん来られてますね。市井《しせい》の方々の中にも地域で頑張っておられる方がたくさんいますから、どういうふうに選ぶんだってのは、なかなか難しいところがある。そういう中で、今までこういう方法がとられてきたんだろうと思いますね」
記者「今回の件で報告書を訂正されるおつもりは」
首相「え？　いまお話しした通りで、最初聞いておられました？　つまり、お金の出入りはですね、一切ないわけですから、全く問題ないと思います。次の質問に答えて私も出なければならないので、同じような質問はちょっと避けていただきたいと思いますが、次の……」
記者「本日お時間のない中となっているので、改めて記者会見を開かれる考えはないか」
首相「あの、もしそれを質問されるのであったら、今、質問されたほうが良いと思いますが。何かありますか」
記者「改めて」
首相「いや改めて会見するというのであれば、今、質問してください」

毎日新聞の総理番、宮原健太記者は大場の取材に、こう振り返った。
「終わった後、各社の総理番の間でも『詰め切れなかった』と悔しがる声が上がりました。『総理番が総理に負けた日』だという記者もいましたね。記者が質問を重ねる『更問《さらと》い』はいつも2、3問なので、首相が逆質問までしてくるとは予想していなかった。焦って質問を考えているうちに終わってしまいました」

SNSでの評価も散々だった。
「記者の突っ込みが甘い。情けない」「中学生記者か！　なんで質問攻めで畳みかけないの？」「記者さんって何のためにいるのですかね。伝言係なら誰でもできる」「記者さん何、怖がっているの、国民の方向いて、仕事しろよ」「記者さん達は皆さん若い人ばっかり。もっとベテランを現場に置くのはNGなのか」――。

大場はこの日、取材班の江畑と吉井にこんなメールを送った。

「ぶっちゃけ、総理ぶらを若手記者にやらせてる弱点を突かれてしまいましたね。私たちならマシだったかどうかは分かりませんが」

取材班で唯一、政治部を経験している大場は05年、小泉純一郎首相による郵政解散の年に総理番だった。当時、小泉首相は東京・日本橋の景観を復活させようと、上を走る首都高速道を移設するよう号令をかけていた。だが、大場は、無駄な公共事業をなくすという「小泉改革」に逆行するのではないかと感じていた。そこで1日2回のぶら下がりに応じていた小泉首相に疑問をぶつけてみたが、丁々発止とはほど遠かった。

大場　なぜ日本橋の首都高速移設を検討しているのですか。
首相　今のままでいいと思うんですか。
秘書官　はい、よろしいですかー。

「公共事業削減に反しませんか？」などの更問いも用意していたのに、気後れしてできなかったのが今でも悔しい。

ユーチューバー記者の反撃

15日に惨敗を喫した総理番たちだったが、週明けの18日月曜日に意地を見せた。

この朝、官邸入りする時、安倍首相はぶら下がりに応じ、幹事社（各報道機関を代表し、官邸などと取材折衝を重ねるほか、記者会見などで意見を取りまとめ、代表して質問する役目の社。各社が交代で務める）の記者が口火を切った。「前夜祭などについて、証拠を示して説明すべきではないしょうか」。これに対し、首相は「安倍事務所も後援会にも、一切入金、出金はございません。領収書を発行していないし、領収書を受け取ってもいない。会食の費用は、ホテル側が発行した領収書を事務所の者が渡しているわけです」と15日と同じ主張を繰り返した。

すかさず毎日新聞の宮原が二の矢を放った。

「総額を示す明細書はあるのでしょうか」

すると首相は意外なことを口にした。

「事務所の方に確認していますが、そうしたものはないということです」

あれだけ大規模なパーティーに明細書がないなどということがあるのだろうか。そもそも、首相が正当性を主張するのであれば、前夜祭にかかった費用の総額を示す証拠書類を示せば疑惑は一瞬で晴れるはずなのに。

首相がぶら下がりに応じたのはわずか3分20秒だったが、この「明細書ない」発言は波紋を広げた。

立憲民主党の安住淳国対委員長はこの日、国会内で記者団に「そんなことを信じる日本国民がいるんでしょうか。ホテル側とホテルを使って何かをやる側が、お互いその明細書がないなんていうことを、戦後日本で聞いたことありません」と批判した。

宮原がユニークなのは、総理番としてツイッターで発信していることだ。現場から個人として発信する総理番など、少なくとも大場は見たことがなかった。

宮原は朝のぶら下がりについて、こうツイートしている。

「え…補填してない証拠示せないじゃん…。本当に明細書ないん…??」

この朝のやりとりもツイッターユーザーは見逃さなかった。「ナイス質問　素晴らしい」「GJ（Good Job）でした！」「諦めず追及してくれ！」などと、激励の声が駆け巡った。

何がこの朝の「反撃」につながったのか。大場の取材に宮原はこう答えた。

「15日のぶら下がりがネットで批判されていることは、もちろん知っていました。だから、18日はしっかり聞かなきゃいけないと思っていました」

しかし首相は「明細書ない」問答があったこの日以降、桜を見る会に関する質問にはぶら下がりで答えなくなってしまったという。

くしくもこの日の夜、宮原は毎日新聞初の「ユーチューバー記者」としてデビューした。ユーチューブに定期的にアップする動画は「ブンヤ健太の記者倶楽部」。桜を見る会を巡る総理番と首相の攻防や新聞の読み方などを解説する動画を自分で編集している。ずっと前から温めていた構想だった。

「ブンヤ健太」の第1回で宮原はこう言っている。「誰でも発信できる『一億総発信社会』の中で、個人で発信する人にファンがつく時代になっている。個人を前に出して発信していくようなことをやってみても面白いじゃないかと思ってユーチューバーを始めてみました」

疑惑の最中のキャップ懇。そして異例の決断

安倍首相の在任期間が通算で歴代最長となった11月20日の夜、首相官邸の記者クラブ「内閣記者会」に加盟する各報道機関の官邸キャップと首相による「キャップ懇談会」が開かれた。政治記者の間では略して「キャップ懇」と呼ばれている。官邸キャップとは、それぞれの報道機関に複数いる官邸担当記者の仕切り役のことだ。デスクになる手前の中堅記者が務めることが多い。

この日のキャップ懇は東京・平河町の中国料理店「上海大飯店」で開かれた。会費は6000円だったという。

キャップ懇は年2回程度開かれるのが慣例だ。前回は5月24日だった。「完全オフレコ（完オフ）」であることも慣例の一つだ。完オフとは、そこで聞いた話を「政府首脳」など情報源をぼかして報道することもできないという意味だ。つまり、そこで首相が何かを言ったとしても、参加者がそれを外部に漏らしたり、記事にしたりすることはできないというルールになっている。

だが、キャップ懇が開かれたこと自体は新聞各紙の首相動静（毎日新聞は「首相日々」）

に載る。

そのため、21日からSNS上はメディア批判の嵐となった。「権力者とメシ食って馴れ合い」「さすがプロ御用記者」「安倍政権とメディアの癒着が政治を腐らせている」「これも桜を見る会と同じくらい問題じゃないの？」――そんなツイートが取材班の記者たちのタイムラインにあふれた。

実名のメディア関係者による批判も相次いだ。

「全国の記者からやり場のない怒りの連絡が1日中押し寄せる。政治部記者からも。悔し涙を流す人もいる。この懇談は市民とメディアの間をまたもや引き裂いた。市民に信頼される報道を目指して頑張っている記者の心を折れさせていくメディアの上層部の意識って何なんだ」

そうツイートしたのは、新聞労連の南彰委員長だ。南氏は朝日新聞政治部の出身である。

米紙ニューヨーク・タイムズの元東京支局長でジャーナリストのマーティン・ファクラー氏も「信じられない。桜を見る会が批判されている最中に、内閣記者クラブのキャップ（リーダー的な記者）が今夜、安倍総理と会食したそうである。メディアの信頼性を考えていないよね」とツイートした。

なぜ、桜を見る会が批判されている最中にそんなことを――。多くの人が感じた疑問だろう。ただ、政権側の視点に立ってみると、状況は少し違って見える。

キャップ懇があったのは11月20日だ。前述したように、この日は参院本会議があり、首相は「私自身も推薦者について意見を言うこともあった」と「首相枠」の存在を認め、「運用については大いに反省すべきだ」とも述べた。この日はまた、菅官房長官も衆院内閣委員会で、首相による推薦者は約１０００人で、妻昭恵氏の推薦者も含まれていた、と明らかにした。

野党やメディアの追及に非を認めるということがほとんどなかったこの政権が、異例の譲歩をしたのが11月20日だった。

つまり、前述した異例のぶら下がりで問題の幕引きを図って失敗した首相官邸は、この日をもって、今度こそ幕引きをしようと考えていたフシがあるのだ。そして、キャップ懇もその一環だった可能性がある。なぜなら、このキャップ懇は、官邸側から2日前に開催を持ちかけられ、記者クラブ側がこの申し出を受けたという経緯があるからだ。これは、かなり急なセッティングの部類に入るだろう。

そして今回、毎日新聞政治部も異例の決断をした。このキャップ懇に参加しなかったのだ。

　このことはひっそりと報じられた。確認できた範囲では、11月23日に共産党の機関紙「しんぶん赤旗」の電子版が「マスコミ幹部、首相と会食」というタイトルの記事の中で、首相が「『毎日』などを除く」報道各社のキャップと懇談したと伝えたのが最初とみられる。

　これに気づいた人々がツイッターで「毎日は不参加だったらしい」と投稿し始めた。そして、24日、統合デジタル取材センターの齊藤センター長が自身のツイッターフォロワーからの「毎日新聞、蹴ったんですか！」という質問に答える形で「はい、出席しませんでした」と回答すると、この情報は一気に広がった。

　なぜ、毎日新聞はキャップ懇に参加しなかったのだろうか。高塚保政治部長はこう話す。

「首相との懇談は国の最高権力者の生の声を聞ける貴重な取材機会です。それ自体は否定しないし、実際、うちの記者もずっと出席してきました。ただ、今回は桜を見る会に関する首相の説明責任が果たされていない中での申し出でした。完オフである以上、そこでの取材内容は報道できません。それでは、きちんと説明してほしいというメディアに対する回答になっていない。内部で検討した結果、出るべきでないという判断になりました」

　繰り返すが、これは異例の決断だった。なぜか。

前述したように、政治部記者は伝統的にオフレコ取材を重視する。首相のオフレコ取材は貴重な取材機会であり、誰もが参加したいイベントなのである。それをあえて、こちら側から断るというのは、従来であればほとんど考えられなかったことなのだ。

12月17日には安倍首相と各報道機関の首相番記者との懇談が東京・神田小川町の居酒屋「福の花　神田小川町店」で開かれた。これについても、同じように毎日新聞は参加しないという判断をした（東京新聞も不参加）。

総理番、宮原はこれについてその日、自分でこうツイートしている。

「質問が来たのでお答えすると、今日の首相動静にある『報道各社の首相番記者と懇談』は毎日新聞は欠席しています」

「個人的には懇談で首相の本音を聞き探ることも大事な取材の1つとも思いますが、社として欠席すると判断したとの事です。#桜を見る会　もまだ渦中にあり、判断を尊重したいと思います」

このツイートは12月26日現在、1万の「いいね」が押され、4400回リツイートされている。前述したように、宮原は「ユーチューバー記者」である。「オフ」から「オン」へのシフト。政治部記者の常識が変わり始めている気配がある。

菅官房長官記者会見に起きた異変

もう一つの「主戦場」ともいうべき、官房長官記者会見にも異変が起きている。きっかけは菅官房長官が桜を見る会で一緒に写真を撮った人物が、反社会的勢力だったのではないかという疑惑だ。

菅氏は11月26日午後の記者会見で「私が写真を撮った中に『そうした方』がいたというご指摘を受けましたので、結果として入っていたんだろう」と言った。反社会的勢力が参加していたことを認めたかのような発言だった。

ところが翌27日の会見ではニュアンスが変わる。

「反社会的勢力については定義が一義的に定まっているわけではない。写真があるというならその方は結果として会場にいらしたのだろうと言った。反社会的勢力が出席したとは言っていない」

これに対し、官邸記者たちは一斉に質問を浴びせかけた。

「昨日の会見では結果として入っていたと推測はしている」「招待していない人物が入っていたのか」「政府として、反社会的勢力が入っていたか確認しないのか」「反社会的勢力の参加が疑われているのに、早々に名簿廃棄したのは適切か」――。菅氏は「事実関係は承知していません」などの答えでかわそうとしたが、記者たちは執拗《しつよう》に質問を続けた。

例えば問題の写真については、こんなやりとりになった。

記者「少なくとも、その写真に写っている方については、これだけいろいろご指摘がある中なので、政府として何らかの確認をすべきではないのかと」

菅氏「あの、そこは承知をしておりません」

記者「承知をしていないのは分かるんですけれど、いろいろ指摘があるので、再度何らかの確認をするすべもあると思うので、やってみるという考えはないのか」

菅氏「あの、写真だけじゃないでしょうか」

さらに「反社会的勢力に関し、知らなかったでは通用しない。政府として何らかの責任を取らないのか」「ジャパンライフ元会長や反社会的勢力を桜を見る会に呼んでいたとも指摘されているが、今もって確認できていない責任をどう考えるか」と、菅氏の進退を問うような質問まで飛び出した。

菅氏は明らかに動揺した様子だった。

「あの、責任というか、あの、私、今まで申し上げてますように、私自身は把握はしておりませんでした。ただ、反社会の人かどうかということは、皆さんがそう言われているわけですから、で、私自身は把握していないということであります」

「鉄壁のガースー」に差し入れられた11回のメモ

招待者名簿のデータを巡る問答でも、菅氏は意外なもろさを見せた。

12月4日午前の記者会見で、招待者名簿のバックアップデータは行政文書に当たらないので公開する必要がないと答えたところ、集中砲火を浴びた。

「国会議員の資料請求に対しても応じなくていいのか」「バックアップがあったのだから、最大限努力して立法府に資料を提供するのが行政としての義務では」「質問に答えていただけていない」――。

菅氏は何度も言葉に詰まって「少々お待ちください」を繰り返し、報道室長が小走りでメモを計11回も差し入れた。

かつてネット上で「鉄壁のガースー」などとニックネームをつけられるほど答弁の安定

感を誇っていた菅氏とは思えない狼狽《ろうばい》ぶりだった。

一方で、桜を見る会の追及で存在感を増しているのが毎日新聞・秋山信一、朝日新聞・安倍龍太郎、北海道新聞・金子俊介の３記者だ。ネット上では「追及ブラザーズ」とも呼ばれるようになった。

秋山は外信部が長く、エジプトのカイロ支局などで勤務した経験がある。17年に政治部に異動したが、官房長官番になったのは19年10月で、まだ日が浅い。

大場が、ネット上で注目されていることをどう思うか尋ねると「そうなんですか？」と一言。「気にならないの」と重ねて聞いたが「気にしている記者もいるんじゃないですか」

記者会見で事務方からメモを受け取る菅義偉官房長官（左）＝首相官邸で2019年12月4日、大西岳彦撮影

と、あくまでも淡々としていた。

次期首相の最有力候補の呼び声も高かった菅氏。多くの官房長官番の記者たちは関係を損ねないよう気をつかっていたはずだ。こんな状況になるとは、ほんの1カ月前までは考えられなかった。

「見られている」記者たち

桜を見る会問題が噴き出す直前、菅氏の側近議員が「政治とカネ」を巡る疑惑で相次いで閣僚を辞任していたことも菅氏と記者の関係に影響しているのかもしれない。10月25日に辞任した菅原一秀経済産業相と、同31日に辞任した河井克行法相だ。9月の内閣改造でこの2人と小泉進次郎環境相という菅系とみられてきた政治家が初入閣し、菅氏が存在感を増した直後のことだった。

ただ、記者の質問が厳しくなった原因は、それだけではないだろう。官房長官会見はすべて動画配信され、記者の名前と社名も全国に流れる。「追及ブラザーズ」などとすぐあだ名がつくのも、そのためだ。そして、SNSを通じて読者の反応がリアルタイムで返ってくるため、記者も「見られている」意識をより強く持つようになっているのだ。桜を見る会に対する世論の高まりが、記者たちの背中を押しているともいえるだろう。

新聞労連の南委員長はこう話す。

「取材過程が可視化され、記者の振る舞いが社会に見られています。市民に『私たちの側に立っている』と思われるような姿勢を示すことがメディアの信頼感につながると思います。今回、記者たちがＳＮＳを通じた世論に押され、答えない政府のおかしさを突き、ちゃんと記事にするようになったのは進歩だと思っています」

前述したように、南氏は朝日新聞政治部の出身。菅官房長官の記者会見にも何度も出ている。17年8月8日に南氏が菅氏にぶつけた質問は、今も業界では語り草となっている。

加計学園の問題を巡り「記録にない」という政府答弁が相次いでいた時期だった。南氏は「政府があらゆる記録を克明に残すのは当然」という政治家の著書の一節を読み上げて「この発言を行っていた、本に記されていたのはどなたか、ご存じでしょうか」と質問した。菅氏が「知りません」と答えると、南氏はすかさず「官房長官です」と切り返したのだった。菅氏の著書『政治家の覚悟　官僚を動かせ』（文藝春秋企画出版部、２０１２年）からの引用だった。

南氏は続ける。

「政府はいまやメディアを通さずに発信できます。力関係が変わったんです。メディアからすれば、記者会見が唯一の交渉力を発揮できる場になったといえます。今後、権力側は締め付けを強めてくるでしょう。すでに首相とのオフレコ懇談を利用して記者クラブを分断しようとしています。メディア各社の上層部が記者会見でしっかり質問する記者を評価するようにならないといけません。社内評価から社会評価にモデルチェンジできるかどうかが問われています」

官邸ホームページに公開されていた「証拠」

メディアを通さずに発信できるようになったのは、政府だけではない。自治体も民間企業も、公人も私人も、誰もがネットを通じて発信しているのが今の時代だ。

前述したように田村智子参院議員は、SNSで発信されている情報を丹念に集め、世論を動かす国会質問に結びつけた。省庁や学校法人といった特定の組織内で情報が完結していた森友・加計学園問題と違い、桜を見る会問題の証拠となる情報は多数の個人の間に広がっていた。政権も情報を管理しきれなかったのである。田村氏はそこをうまく活用したといえる。

そして、統合デジタル取材センターの取材班も、情報収集のツールとしてのＳＮＳや、記事を支える証拠としてのネット情報の重要性を認識している。

例えば、取材班は11月13日、党議員や閣僚の招待枠があったのではないかということを指摘した記事をニュースサイトにアップしたが、これは首相官邸の公式サイトにあった17年の桜を見る会の動画が大きな支えになっている。

17年の桜を見る会のページを開き「関連動画」とタイトルのついた約18分間の動画を開くと、７分ごろに安倍首相と世耕弘成経済産業相（当時）がこんな会話を交わしている。

安倍氏「ひまわり会？」

世耕氏「ひまわり会です。今年は副長官じゃなくなったので招待枠で」

世耕氏は12年12月から16年８月まで内閣官房副長官を務め、16年８月に経産相に就任していた。首相が「ひまわり会」と呼んでいるのは、世耕氏の地元・和歌山市にある女性支持団体「ひまわり」のこととみられる。菅官房長官は当初「首相枠、政治枠はない」と言っていた。しかし、この動画でのやりとりは、安倍首相も世耕氏が「副長官枠」を持っていたことを知っている前提の会話に聞こえる。

疑惑を否定している政府自身がその逆を示す証拠を公開してしまっている形だ。情報が多すぎて管理しきれなくなっている現状の一断面なのだろう。

第5章

消された名簿と黒い友達関係

5月9日廃棄の奇妙な偶然

〈「偶然」＝①何の因果関係もなく、予期しない出来事が起こるさま。②㋐必然的な原因や理由がないこと、またはわからないこと。人間の認識の不完全さを示す（以下略）〉（広辞苑）

〈「故意」＝①ことさらにたくらむこと。心あってすること（以下略）〉（同）

「桜を見る会」の問題を取材していると、いつも「偶然か故意か」という問いに突き当たる。

例えば「5月9日」問題である。

時計の針を「疑惑が生まれた日」の半年ほど前、通常国会の会期中だった2019年5月9日に巻き戻したい。この日、実に奇妙な「偶然の一致」があった。

共産党・宮本徹衆院議員の政策秘書を務める坂間和史氏はこの日、A4のファクス1枚を永田町の衆院第1議員会館12階の事務所から送った。送り先は国会内にある内閣府・内閣官房共用の控室。このファクスが、後に燎原《りょうげん》の火のように燃え広がる「桜疑惑」に、さらに油を注ぐことになるとは、この時は思いもよらなかった。

坂間氏が回想する。

「東京新聞が4月16日付朝刊で、『桜を見る会』の予算が大幅に増えていることを報じていたんです。そこに宮本が問題意識を持った。宮本の指示で私が文書を作成し、5月13日に予定されていた衆院決算行政監視委員会で質問するため、5月9日正午ごろ、関係資料の請求を内閣府にファクスで求めたのです」

宮本氏が請求したのは桜を見る会の招待者や実際の参加者数の推移、支出の内訳、招待者の選考基準を明記した文書の写しなどだ。

各省庁は国会内に控室を持っている。国会会期中には担当職員が詰めて、議員からの資料要求や国会質問の対応など、議員と省庁とのつなぎ役を務める。

内閣府側の記録によると、宮本氏側のファクスが控室に届いたのは9日午後0時15分である。この時刻が重要なので心に留めておいていただきたい。

さて、この日。待てど暮らせど、宮本氏側に内閣府側から反応はない。再び坂間氏の話。

「珍しいことではありません。あまり知られていませんが、野党が官公庁に資料や説明を求めても、無視されることはよくある。自民党議員なら、そんなことはないのでしょうが。

内閣府・内閣官房控室　御中

２０１９年5月9日

衆議院議員　宮本　徹　国会事務所

（T）３５０８－７５０８

（F）３５０８－３９３８

内線：５１２１９

担当：[redacted]　[redacted]　㊞

安倍総理主催「桜を見る会」の『東京新聞』報道（本年４月１６日付２６面）に関する
資料要求について

平素はたいへんお世話になります。

安倍総理主催「桜を見る会」の東京新聞報道（本年４月１６日付２６面）について、宮本徹議員が以下の資料要求をいたします。

お忙しいところたいへん恐縮ですが、対応方々、よろしくお願い申し上げます。

回答は一括にて、ＰＤＦ等により、以下のメールアドレスへ送信願います。

宮本　徹[redacted]（[redacted]）　[redacted]@ｓｈｕｇｉｉｎ．ｇｏ．ｊｐ

委員会質問を念頭に置いた議員勉強用資料です。

勝手ながら締め切りは、本日５月９日（木曜日）中とさせていただきます。

○文書にて説明を求める項目

本年４月１６日付２６面『東京新聞』の報道――「桜を見る会」――に関わり、以下の５項目について、文書で至急回答されたい。

１．２００８年から２０１９年における、各年の招待者数の推移を明らかにされたい。

２．２００８年から２０１９年における、各年の参加者数の推移を明らかにされたい。

３．２００８年から２０１９年の「桜を見る会」開催における、各年度の予算額、支出額(決算ベース)及び主な内訳の推移を明らかにされたい。

なお回答にあたり、「桜を見る会」開催に関する各年度の概算要求書（御省所管）の該当ページ、及び一般会計歳出予算各目明細書（御省所管）の該当ページ（費目のコード番号をラインマーカーで塗色を求める）を添付されたい。

４．「桜を見る会」の招待者の選考基準を明記した文書の写しを提出されたい。

５．「桜を見る会」の参加者が増加する理由を、具体的かつ詳細に説明されたい。

＝

共産党の宮本徹衆院議員が2019年5月9日に内閣府に「桜を見る会」の資料を求めた文書。内閣府側の記録では宮本議員から「9日午後0時15分」にファクスを受信していた（画像の一部を加工しています）

だからこの日も、『また無視されたか』といった感想を抱いたくらいでしたが……」

そのまま5月13日、宮本氏は国会の質問に立った。この時のやりとりを再読する限り、さほど驚くような情報はない。内閣府側は19年の桜を見る会の予算は会場設営費が1814万円、飲食物提供費が2191万円で、13年の倍以上になっていることを明かした。

5月9日は何事もなく過ぎ去ったはずだった。ところが——。

明かされた名簿廃棄のタイミング

それから半年後の11月14日。桜を見る会を巡る疑惑を追及する野党が合同で開いた政府当局者への3回目のヒアリングの席上、にわかに「5月9日」が人々をざわつかせることになったのだ。

これに先立つ11月12日の第1回ヒアリングでは、桜を見る会の招待者名簿を政府が廃棄していたことが明らかになった。名簿は、紙に印刷されたものと、その元になる電子データの2種類があった。

これらはいつ廃棄されたのか？　招待者名簿を取りまとめていたのは内閣府である。酒田元洋官房総務課長は「正確な日付が手元にない」と説明し、答えを保留してきた。

その回答が14日に明かされた。

酒田課長がとうとう述べた。「5月9日に紙媒体は捨てているということであります。電子媒体についても、5月9日と同じ時期に削除していたということが分かりました」

当然、これに反応したのが、まさにそのころに桜を見る会の資料請求をしていた宮本議員である。

「私、5月13日にこの問題を（国会で）質問しましたよ。そのために事前にいろんな情報を教えてくださいと言って、全然、内閣府は教えてくれませんでした。私が質問の準備のために聞き始めたから捨てたということじゃないですかっ」

「そういうことではございません。用途が終わったことから廃棄をさせていただきました」と繰り返す酒田課長。宮本氏は、「私が質問するために、内閣府の皆さんに聞き取りを始めたタイミングじゃないですか」と納得しない。

これは「偶然の一致」か、何か都合の悪いことを隠すための「故意による廃棄」か。

「安倍後援会の招待者」「前夜祭」に、あまりにタイミングの良すぎる「消えた招待者名簿」の問題が新たに加わり、野党も報道陣も大いにざわつくことになる。

統合デジタル取材センターに配属される7年ほど前から、毎日新聞夕刊「特集ワイド」

の担当として、第2次政権発足以来の安倍首相をウオッチしてきた江畑、吉井の2人。「また『消えた公文書』？」「こんな偶然、あり得るのか」と顔を見合わせた。政治部出身の大場は「この政権『らしい』ですね」と眉間にしわを寄せた。

宮本氏が内閣府に資料を要求した日付が気になった大場は、野党ヒアリングが終わった後、衆院第1議員会館12階の宮本事務所を訪ねた。すると、宮本氏は入り口近くの来客用の椅子に座って背中を向け、一心不乱にコンビニのスパゲティを食べていた。

振り返った宮本氏は、スパゲティを口に含んだまま「ひどいですよ。ドンピシャですよ△※×◇○……」と何やら興奮して話し始めた。大場はスパゲティが気になり「いや、お食事すんでからうかがいますよ」と言った。

宮本氏は苦笑して残りのスパゲティに取りかかり、大場は部屋の奥で男性秘書にある紙を見せてもらった。それは「桜を見る会の資料要求について」と記された、宮本事務所から内閣府・内閣官房にファクスで送られた紙で、日付は2019年5月9日と記されていた。

まさに宮本氏が資料請求をしたその日に、内閣府は招待者名簿をシュレッダーにかけていたのだ。

国会議員が資料請求したその日に資料廃棄なんて、聞いたことがない……。大場も頭に血が上るのを感じた。「ドンピシャですね」。振り返って宮本氏に声をかけると、宮本氏も「本当にふざけてますよ」と言った。

「うちの特ダネにしちゃおうかな……」と大場は一瞬思ったが、これはすぐに広く知らせなければならない大事な話だと思い直して、こう提案した。「野党クラブに張り出しますか？」

野党クラブとは、国会議事堂内にある記者クラブの一つで、野党の担当記者が所属している。宮本氏もそうしてほしいというので、大場はすぐに野党クラブへ行き、旧知の政治部記者に掲示板への張り出しを頼んだ。たまたま毎日新聞が幹事社だったこともあり、話は早かった。招待者名簿が廃棄されたのは宮本氏が資料請求したその日であったという事実はすぐに報道各社の知るところとなったのである。

公文書を巡る安倍政権の「闇の過去」

安倍政権には、公文書を巡る問題がつきまとってきた。

まず17年に発覚した自衛隊の南スーダン派遣を巡る「日報隠し問題」である。

16年10月、自衛隊や平和問題を追ってきたフリージャーナリスト、布施祐仁さんが、防衛省に南スーダン国連平和維持活動（ＰＫＯ）に派遣されていた陸上自衛隊の日々の活動記録「日報」を情報公開請求したところ、12月に防衛省は「文書不存在」と回答した、と公表した。しかし同月内に日報の電子データが見つかり、政府は翌17年2月、日報を公開した。データの発見から公表まで約1カ月かかったほか、後に日報を防衛省が組織的に隠《いん》蔽《ぺい》していたことも判明し、稲田朋美防衛相（当時）が引責辞任することになった。

さらに18年4月、防衛省が、それまで国会でやはり「不存在」と答弁してきたイラク派遣自衛隊の日報が見つかっていたことを公表。自衛隊だけでなく、情報公開制度や文書管理のあり方、国会答弁の信頼性を揺るがせた。

しかし国民が本当に驚くのは、森友・加計学園問題、いわゆるモリカケ疑惑である。まず18年3月、「森友学園」を巡る文書改ざん問題が発覚する。

財務省が森友学園との国有地払い下げ交渉の決裁文書から、開校予定の小学校の名誉校長を務めていた安倍首相の妻昭恵氏に関する記述（当時、森友学園理事長だった籠池泰典氏の「（昭恵）夫人からは『いい土地ですから、前に進めてください』とのお言葉をいただいた」との発言など）を削除するなど、約３００カ所を改ざんし、国会に提出した問題だ。

財務省の調査では、改ざんは財務省理財局が主導し、文書を国会に提出した佐川宣寿局長（当時。後に国税庁長官。問題発覚後に辞任）の国会答弁に合わせるためになされた。この件では改ざんに関わった近畿財務局職員1人が自殺し、佐川氏ら財務省幹部らが処分されたが、今なお真相が解明されたとは言いがたい。

この時、佐川氏は国会答弁で、学園側との交渉記録を「速やかに廃棄した」「電子データについては自動的に消去され復元できない」と説明していたが、実際は職員が「手控え」として紙やデータで保管していたことも後に判明した。

そして読者の記憶にも新しいであろう加計学園問題。

国の国家戦略特区制度を活用した加計学園（本部・岡山市）による愛媛県今治市での獣医学部新設を巡り、17年5月に「総理のご意向」などと記した文書が文部科学省などから見つかった問題だが、これまた今なお不明なことだらけである。

中でも18年5月、この問題で加計孝太郎理事長との面会を強く否定してきた安倍首相が「15年2月25日に加計理事長と面会し、新学部構想の説明を受けた」との趣旨を記した愛媛県側の文書が見つかったことは、問題の核心の一つである。文書の内容は本当なのか。この日の首相官邸の入邸記録を調べれば確認できるのに、官邸側は「記録は廃棄したので不存在」との説明を続けている。

国の中枢である首相官邸に、誰が出入りしたか。「記録を捨てたから分かりません」という政府の説明を、読者は本当に信じられるだろうか。

当然、取材班の脳裏にも、そうした事例がよぎる。

宮本氏の資料請求をきっかけに、桜を見る会の招待者について、都合の悪いことでも掘り起こされたらまずい。内閣府がそんな忖度《そんたく》を働かせ、あるいはそんな「天の声」がどこかから降りてきて、慌てて名簿を廃棄したのか。いや、実は本当は名簿はあるのに、「なかったこと」にしたのではないか。

そんな疑いすら頭をもたげてきた。それだけ、

公文書管理を巡る森友・加計問題と桜を見る会の類似点

	森友学園問題	加計学園問題	桜を見る会問題
焦点	売却に首相の妻昭恵氏が関与したか	首相と親友の学校法人理事長が面会したか	首相の推薦で誰を招待したか
関係文書	国有地売却の経緯文書	首相官邸の入邸記録	招待者名簿
政府答弁	保存期間「1年未満」の軽微な文書のため、使用目的終了後に遅滞なく廃棄		
結果	廃棄、改ざんを財務省が認定したものの、昭恵氏の直接の関与は確認できず	疑惑解明されず	?

安倍首相や首相周辺が関わる公文書には「？」が多すぎるのだ。

超高性能シュレッダーの「怪」

ではその5月9日、宮本氏の資料請求と、招待者名簿の廃棄の前後関係はどうだったか。請求の「前」にシュレッダーで名簿を細断したのであれば、「故意」は勘ぐりに過ぎないだろう。しかし「後」ならばどうか。

11月26日の野党ヒアリングで、この前後関係が明かされた。

前出の内閣府・酒田総務課長は、細断したのは「5月9日午後の早い時間帯に『桜を見る会』担当で、招待者名簿を取りまとめていた人事課職員がシュレッダーで廃棄した」と説明したのだ。後で、この時間は「午後1時以降」であったことも判明する。つまり、宮本氏が資料請求して1時間ほど後で、名簿が廃棄されていたのである。

宮本氏は資料請求のファクスを「9日午後0時15分」に国会内の内閣府の控室に送った。国会会期中である。いつもなら、控室の職員は、すぐに国会対応を仕切る中央合同庁舎8階にある内閣府の官房総務課にファクスを転送するなどして連絡する。それを受けた総務課の担当者は、同じフロアにある人事課に伝えているはずなのだ。

10分、20分かかるような複雑な連絡とも思えない。議員からの資料請求は、その議員がどんな国会質問を考えているかを知るヒントになる。質問に対し、答弁を考えるのも役所の仕事だから、できるだけ早く関係部署に連絡するのが通例である。いずれにせよ、宮本氏が請求した時点で、名簿は確かにあったのだ。それなのに廃棄された。

これは「故意」なのか？　もちろん、内閣府は「廃棄した人事課職員は資料請求を知らなかった」（11月26日の野党ヒアリングで酒田課長）と否定する。

とすると、もう一つの疑問が浮かぶ。

桜を見る会は4月13日に開かれた。招待者名簿は、政府の説明によれば「保存期間1年未満の文書として、遅滞なく廃棄」（菅義偉官房長官）するはずだ。それなのに、なぜ名簿の廃棄が、3週間余り後、宮本氏の請求と同じ「5月9日」になったのか。

政府の説明はこうだ。「名簿の廃棄の分量が多いので、大型のシュレッダーを使おうとしたら、各局の使用が重なった。担当する職員も若干、期間業務職員的な人間だったこともあり、そうしたもろもろの調整をした結果、連休明けの5月9日になった」（11月20日、衆院内閣委で内閣府の大塚幸寛官房長）

取材班が机を並べる毎日新聞東京本社4階の編集編成局にも小型のシュレッダーが数台

ある。「空きがない」なんて、見たことない。企業や役所にお勤めの方は、年末や年度末でもないのに、シュレッダーの「空き待ち」をした経験をどれほどお持ちだろうか。

問題の内閣府の大型シュレッダーは、庁舎地下１階のシュレッダー室にある。事務用品メーカー「ナカバヤシ」製の、重さ約１・８トンの巨大なものだ。同社の男性広報担当者によると「１０００枚の紙を40秒ほどで処理できる」とのこと。今回の問題で、にわかに同社が注目され、広報担当者は「各報道機関から問い合わせが相次いでおりまして……」と困惑気味だった。

現実的にはあり得ないが、名簿の分量を仮に招待者の人数と同じ約１万５０００枚と考えても、10分ほどで処理できる。実際、野党は11月26日、

桜を見る会の招待者名簿を廃棄した内閣府の大型シュレッダー＝東京都千代田区で、立憲民主党提供

内閣府のシュレッダーを視察し、約1万5000人分の名簿は、A4判800枚に収まるとみて、再現実験。800枚はわずか34秒で細断された。

ゆったり作業をしていても、1日数万枚は余裕で処理できる高性能のシュレッダー、本当に「空き」がなかったのか？

内閣府が公表したシュレッダーの「使用者記録表」では、なるほど、「桜を見る会」が開かれた4月13日以降、ほぼ連日のように、どこかの部署（部署名は黒塗りされていて不明）がシュレッダーを使っている。

問題の5月9日、酒田課長の言う通り「記録表」では「午後1時20分～2時45分」に「人事課」（ここだけ黒塗りを免れている）がシュレッダーを使っていた、と記されているし、人事課職員が4月22日に同僚らに送った「5月9日にシュレッダーを予約した」とのメールの記録もある。大塚官房長や酒田課長ら、内閣府の言い分にも根拠がありそうに見えるが、記録表上はシュレッダーを使っていない時間もたくさんあるし、4月22日の「予約メール」も、何をシュレッダーにかけるための予約なのかが記されていない。

何より、問題の5月9日、本当に人事課に資料請求の情報は伝わっていなかったのか。内閣府は「人事課が、官房総務課から宮本議員の資料要求を知らされたのは翌10日だった」

大型シュレッダー貸し出し　使用者記録表

日付	名前	部局名	内線	開始時間	終了時間	袋数
4/26	[redacted]	[redacted]	[redacted]	9:20	10:00	10
4/26	[redacted]	[redacted]	[redacted]	10:08	10:40	4
4/26	[redacted]	[redacted]	[redacted]	13:35	14:10	5
4/26	[redacted]	[redacted]	[redacted]	14:35	15:45	9
5/7	[redacted]	[redacted]	[redacted]	14:20	15:00	8
/7	[redacted]	[redacted]	[redacted]	16:30	16:50	1
5/8	[redacted]	[redacted]	[redacted]	10:00	11:00	12
5/8	[redacted]	[redacted]	[redacted]	13:00	14:00	4
5/8	[redacted]	[redacted]	[redacted]	13:50	15:10	20
5/8	[redacted]	[redacted]	[redacted]	10:00	10:40	10
5/9	[redacted]	人事課	[redacted]	13:20	14:45	12
5/9	[redacted]	[redacted]	[redacted]	15:05	17:30	26
5/10	[redacted]	[redacted]	[redacted]	10:15	11:25	8
5/10	[redacted]	[redacted]	[redacted]	14:15	14:45	
5/10	[redacted]	[redacted]	[redacted]	14:45	15:10	[illegible]
5/10	[redacted]	[redacted]	[redacted]	15:26	15:53	3
5/10	[redacted]	[redacted]	[redacted]	16:50	17:00	1
5/13	[redacted]	[redacted]	[redacted]	10:00	12:00	25
5/13	[redacted]	[redacted]	[redacted]	13:40	14:30	10
5/13	[redacted]	[redacted]	[redacted]	14:50	15:35	13
5/13	[redacted]	[redacted]	[redacted]	16:00	16:18	2
5/14	[redacted]	[redacted]	[redacted]	10:00	10:40	5
/14	[redacted]	[redacted]	[redacted]	11:50	12:00	1
5/14	[redacted]	[redacted]	[redacted]	13:00	15:00	28
5/14	[redacted]	[redacted]	[redacted]	15:00	16:15	12
5/15	[redacted]	[redacted]	[redacted]	10:10	11:27	10
5/15	[redacted]	[redacted]	[redacted]	13:20	15:00	14
5/15	[redacted]	[redacted]	[redacted]	15:00	17:00	28

内閣府が公表したシュレッダーの「使用者記録表」。2019年5月9日、13時20分～14時45分に人事課がシュレッダーを使用していたことが記録されている＝立憲民主党提供

（12月2日の野党ヒアリングで、酒田課長）としているが、誰が、どのように情報を伝えたのか、あるいは伝えなかったのか、分かっていない。不可解な5月9日を巡るナゾ、いまだに山積しているのである。

一つ確かな事実は、国会議員が求めた資料を、政府がその日に廃棄した、ということだ。繰り返しになるが、国民の代表である国会議員の役目の一つは、政府の監視である。資料請求を知りながら、政府が公文書を廃棄していたとなれば、民主主義の根幹が揺らぐ大事件だ。なぜなら、予算や政府権力の公正な執行を証明し、国民に説明責任を果たすのに欠かせないツールが公文書だからだ。

もう一つのブラックボックス「電子データ」

不可解と言えば、紙のほかにあったはずの「電子データ」。これも政府は最初「電子媒体も、紙の名簿を廃棄した5月9日の前後に削除した」（11月20日の衆院内閣委での大塚内閣府官房長の答弁）と説明してきた。

ところが、ほとんど報道されなかったが、この「5月9日前後に削除」答弁を微妙に修正してきた局面がある。

それは12月2日の野党ヒアリングでのこと。内閣府の酒田総務課長は「電子媒体の消去、これは担当者（内閣府人事課職員）に確認したところ、記憶ベースでしかないが5月7日から9日の間だったんじゃないか、という話をしています」と述べたのだ。

なぜこの日に答弁を修正したのか？

すでに述べたが、この日は酒田課長が初めて、名簿を廃棄した内閣府官房人事課が、宮本氏から資料請求があった事実を知ったのが「10日だった」と説明をした日である。

それまで、データを消去したのは「5月9日前後」と説明していたので、人事課は9日の資料請求を知りながら、データを消去した疑惑があった。酒田課長はデータ消去は「7～9日」、資料請求を知ったのは「10日」と明言することで、この疑惑を「否定」して見せた形だが、これを聞いた野党議員から「記録がころころ変わって答弁が変わる。破綻している」（国民民主党の原口一博衆院議員）などと不信の声が上がるのは、むしろ当然だろう。

この場に居合わせた吉井も首をひねった。

酒田課長は「詳細にきちんと詰めて確認した」「まさに記憶の中で確認した」とも付け加えたが、取材班の面々は警察取材の経験も豊富である。普通、証言は時間がたてばたつほどあいまいになる。あいまいだった証言が、後になって具体性を帯びてくるということはあまりない。そういう時、証言者が事実を「盛った」か、捜査当局による誘導や捏造《ねつぞう》が疑われるケースもある。

内閣府の説明はどうか。「5月9日前後」というデータ消去の時期が、後で「職員に詳細に詰めて確認」したら、「5月7日から9日」と、より具体的になった。しかも「人事課が知ったのは10日」という説明に符合する方向に、だ。

これまた「偶然」なのか、それとも「故意」なのか。

そもそも、電子データを巡る政府の説明は不自然な点が多すぎる。

内閣府では、一般的な家庭のパソコンと違い、職員個人が使うパソコンにはハードディスクなどにデータ類を保管せず、共有のサーバーでまとめて保管する「シンクライアント」と呼ばれる方式で情報を管理している、と説明している。それとは別に、災害などでメインのサーバーが破壊された時に備え、データを保存しておく「バックアップサーバー」が存在する。

政府はそのすべてで「名簿のデータは一切残っていない」「復元もできない」と説明している。本当にそうなのか。森友学園問題では、「不存在」とされた財務省と森友側との交渉記録の電子データは残っていたことが後で判明しているのだ。

おまけにこのバックアップサーバーのデータ、保管期限が過ぎても最大8週間はデータが残ることは内閣府も認めている（12月3日、野党ヒアリングで酒田課長）。名簿のデータが削除された日を5月7日としても、8週間後は7月2日である。つまり、前出の共産党・宮本徹衆院議員が5月9日に内閣府に資料提供を求めた時点はもちろん、5月21日の衆院財務金融委員会で、政府が「（桜を見る会に関する）今年の資料も、すでに開催が終わったので破棄させていただいた」（内閣府の井野靖久官房長＝当時）と答弁した時は、データは残っていたのだ。なぜこのデータがあるのに提出しなかったのか、と誰の頭にも思い浮かぶはずだが、政府の見解は驚くべきものだった。

「バックアップファイルは一般職員が業務に使用できるものではないことから、組織共用性を欠いており、行政文書に該当しないという説明を受けている」（12月4日午前、菅官房長官の記者会見）

繰り返すが、バックアップのデータは、災害時や職員がメインのサーバーのデータを誤消去した時に備える「スペア」である。一般職員が業務に使用できないのなら、何のためのバックアップサーバーなのか？　行政文書でないなら、バックアップデータは、一体何なのか？　これら数々の疑問に対して、政府から納得のいく説明は聞こえてこない。

桜を見る会は毎年開かれるイベントだ。言うまでもなく、招待者名簿やその関連資料は毎年使う。それを紙はもちろん、電子データに至るまで、すべてを削除したというのなら、翌年の招待者名簿作りは、一体どうするつもりだったのか。毎年、名簿の書式は異なるのか？　政府が説明すればするほど、疑問は膨らむ一方なのだ。

ちなみに12月6日のヒアリングでは、内閣府の職員用のパソコンや共有サーバー上に残っているはずの名簿を「消去した」ことを示すデータ上の記録（ログ）の提出を求める声が野党側から上がったが、酒田課長はこれを事実上拒否。「出さないと決めたのは誰の判断か」という問いにも、「誰の判断かというのは、差し控えたいと思います」と言うのみだった。

吉井は、内閣審議官などを務めた元経済産業官僚、古賀茂明氏に意見を聞いた。古賀氏は「そもそも官僚が『文書を捨てた』なんて、絶対にあり得ません」と一笑に付すのだ。

「官僚は前例主義、文書主義です。何かを企画する時、予算を増やしたい時など、省内で回す書類では、必ず『昨年はどうだったか』『今年は違うのか』『違うなら何が違うのか』

といった点を説明しなければならない。そのために過去の文書は残しておく。必ずです。私の経験では、5~10年は持っています」

菅官房長官は、招待者名簿を廃棄した理由を「全て保存すれば、個人情報を含んだ膨大な文書を適切に管理する必要が生じる。『保存期間1年未満の文書』として遅滞なく廃棄する取り扱いをしている」（11月12日の衆院本会議での答弁）と説明するが、古賀氏は「紙ならばいざ知らず、今は電子データの時代です。『個人情報を含む膨大な文書だから廃棄した』なんて、理由になりません」とも指摘する。

考えてみれば、招待者1万5000人の個人情報の管理が不安だから廃棄したというのなら、その政府が「マイナンバー」など1億2600万人超の国民の膨大な情報を保有・管理しているというのはおかしな話である。

「廃棄の真偽はおいても、野党や国民からこれだけ疑義が示されているのに、『文書があるかもしれませんので、徹底的に探します』とか、『データ復元を試みます』といったことは決して言わない。政権への忖度かどうかは分かりませんが。国会議員の仕事は政府が適正に予算を執行したかをチェックすること。そのために必要なのが公文書であり、政府はそれを示す義務があるんです。ところが今の日本、それすらできない異常事態に陥って

いることが今回の件で明らかになった。これは民主主義国家なのでしょうか」（古賀氏）

公文書は政府の所有物⁉

公文書等の管理に関する法律（公文書管理法）の１条はこううたっている。

「健全な民主主義の根幹を支える国民共有の知的資源として、主権者である国民が主体的に利用し得るもの」

公文書は政府の所有物ではなく、主権者である国民と共有しなければならないという理念だ。公文書も税金で作られる。都合が悪いからと意図的に公文書を捨てたり削除したりしていたとしたら、それは民主主義をないがしろにする行為にほかならない。

「政府があらゆる記録を克明に残すのは当然」――と、菅官房長官も前述の自著『政治家の覚悟　官僚を動かせ』で指摘している。旧民主党政権下、東日本大震災に関する会議の大半で議事録が残されていなかったことを批判した一文である。

にもかかわらず、「文書は廃棄した」「改めて探すつもりも、復元を試みるつもりもない」とする政府のかたくなにも映る姿勢は、また別の疑問を生む。是が非でも名簿を明らかにしたくない事情があるのだろうか。

悪質マルチ・ジャパンライフと「首相枠」

公的行事の名簿なのに、なぜ影も形も見当たらないのか？

もしかしたら、そのヒントになるかもしれない疑惑が19年11月25日、参院行政監視委員会で明かされた。

ここで「5月9日」に続き、ある数字がクローズアップされた。

「60―2357」

共産党が入手した1枚のチラシ。そこには「安倍晋三内閣総理大臣から山口会長に『桜を見る会』のご招待状が届きました。」との言葉が添えられ、その下に安倍首相の顔写真と桜を見る会の招待状と招待者の宛名が記された封筒、受付票らしきものの写真が刷られている。招待状と思われるものには「左記のとおり『桜を見る会』を催すことといたしました。御夫妻おそろいにて御来観下さいますよう御案内申し上げます（中略）平成二十七年三月　内閣総理大臣　安倍晋三」とある。

つまりこれは、15年の桜を見る会で、政府が安倍首相の名前で、招待者に送った招待状、ということなのか。問題は封筒に記された宛名である。

「ジャパンライフ株式会社　代表取締役会長山口隆祥殿」とある。

これが本物なら、悪質なマルチ商法を展開したあげく、２４００億円の負債を抱えて17年に破綻し、社会問題となっている「ジャパンライフ」元会長、山口隆祥氏を、安倍政権は15年の桜を見る会に招いていたことになるのだ。

このチラシは一体、何のためのものだったのか。

後述するとして、このジャパンライフはすでに前年の14年に消費者庁の行政指導を受け、19年４月には６都県の警察の合同捜査本部が特定商取引法違反（事実の不告知）容疑で強制捜査

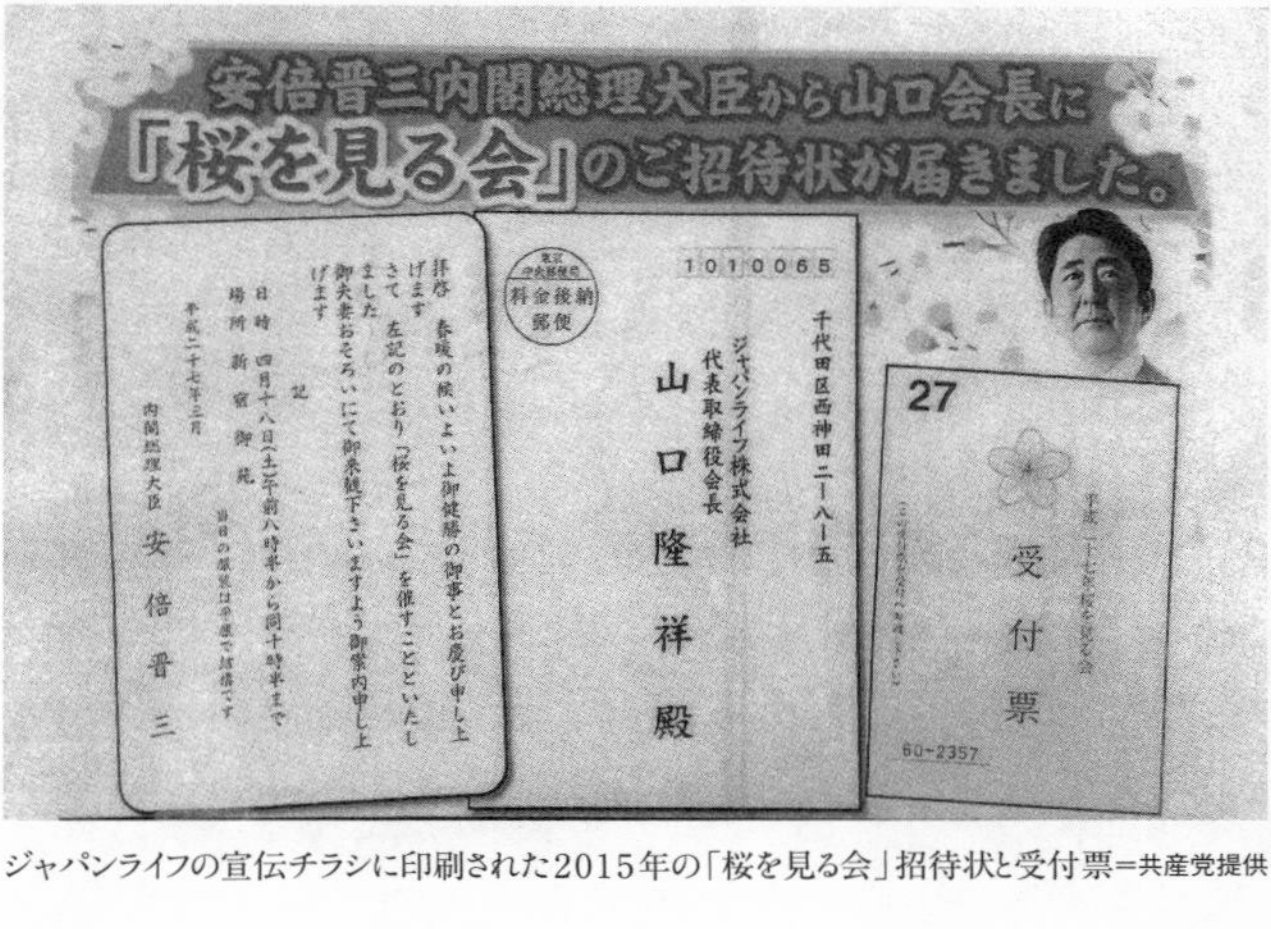

ジャパンライフの宣伝チラシに印刷された2015年の「桜を見る会」招待状と受付票＝共産党提供

に乗り出している。そういう「いわくつき」の企業なのだ。

ここで注目されたのが、受付票と見られるものに記されている「60—2357」という冒頭の数字だ。

共産党の田村智子参院議員が内閣府から提出を受けたある文書に、この数字を読み解くカギがあった。内閣府では、「桜を見る会」の招待状や受付票を封筒に入れる仕事を民間業者に委託しているが、その業者向けの「仕様書」である。

15年の仕様書には「受付表の招待区分」(「受付票」の変換ミスか)として、「国務大臣(20)」「国会議員(10)」「与党推薦者(64、65)」といった記載に並んで、「総理・長官等の推薦者(60、61、62、63)」と記されていたのだ。「長官等」とは副総理、官房長官、官房副長官を指し示すとみられる。

そうなると「60」は順番から見ても「総理枠」の可能性が高く、「60、61、62、63」は、広く言っても「首相官邸枠」に入ることは間違いない。

この「60」という数字が、山口元会長の招待状にも記されていたとしたら——。前年に行政処分を受けたばかりのマルチ商法企業のトップを、公費で開く桜を見る会に招待したことになるのだ。官邸として、あるいは安倍首相その人の推薦で。

前出の11月25日の参院行政監視委では、田村議員が、前出のチラシや仕様書を示しながら、内閣府側に「『60』という招待区分は『総理枠』なのか」と問い詰めたが、内閣府の大塚官房長は「質問通告を受けたという認識がない。お答えできるだけの情報を持ち合わせていない」と答えるのみだった。

論理が蒸発した官僚答弁

当然、取材班を含む報道陣のみならず、野党はざわついた。翌11月26日から、新聞もテレビのワイドショーも前出のチラシなどを取り上げ、ジャパンライフトップの招待疑惑を大きく報じ

封入パターン（(　)の数字は受付表の招待区分）

a：各党代表(10)、両院議長・副議長(10)、国務大臣(20)、知事（東京
最高裁判所長官(20)、法制局長官(20)、警視総監・警備部長(20)、
元総理・同未亡人(30)、

b：国会議員(10)、政務副長官・副大臣・政務官(20)、会計検査院長・
公取委委員長(20)

c：認証官(20)、事務次官・局長等(20)、一般知事・議長等(20)、元国
前事務次官等(30)、叙勲者・文化勲章等(31)、各種審議会等の長(40)
総理・長官等の推薦者(60,61,62,63)、与党推薦者(64,65)、
報道関係者(70)、内閣・内閣府関係者(90,91,92,93)

d：特別招待ボランティア等(81)

「桜を見る会」に向けた「仕様書」に添付されていた書類。招待区分の数字として「総理・長官等の推薦者」(60、61、62、63)の表記が見られる。これは2016年のもの。共産党が内閣府から提供を受けた

始めた。

外形的には、安倍首相その人が、広く言っても安倍政権が、山口元会長を招いたことはもはや否定しがたいように映ったが、ここで予想外の反応を示す一群の人たちがいた。内閣府の官僚である。

この「60」疑惑、さすがに問題の沈静化を図るためにも、内閣府は早めに認めて「幕引き」を図るのではないか。そう思って取材班が臨んだのが26日のヒアリングである。

やはり田村氏ら野党議員が「『60』は総理枠ではないか」と問うと、例の内閣府・酒田総務課長は次のような答えを連発した。

「ナンバーが何かというのは、発送が終わり次第、廃棄している」「そういうふうな区分でそこ（15年の仕様書）に書かれているのはその通りですけれども、その当時、その区分をどういうふうに決めたのか、そこは本当に分からない」「当時の区分の考え方は、正直分からない」

3日後の29日のヒアリング。当然、26日のヒアリングと同じ問いが繰り返されることが予想されたが、酒田課長は何ら確認をしていなかったことが判明する。官僚はどのような態度や言動をするものなのか。雰囲気を感じ取っていただくため、あえて再録する。

議員側「『60〜63』の違いは。『60』は誰を指すのか」
酒田課長「（15年の）仕様書にそう書いてあります。すでに廃棄しており、現時点で何番がどなたか確認するすべがありません」
議員側「（当時の担当者に）60〜63の違いというのは確認してもらえないか」
酒田課長「……承知しました」

そして、確認の結果が得られるはずの12月3日のヒアリング。

議員側「担当者に確認してほしいとお願いしていたが、この点はどうか」
酒田課長「ご指摘の番号は、招待状の発送を効率的に行うために便宜的につけているものです。会の終了をもって、使用目的を終えるということから、内閣府において情報は保有していないというところでございます」
議員側「ちょっちょっちょっと。（こちらは）その時の担当者に確認してほしいと言った」
酒田課長「当時の担当者を特定できるということは（以前のヒアリングで）申し上げました

けれども、確認をするというところまで確約したのかというと……」

〈「えーっ」「待て待て待て待て」と議員一同騒然〉

議員側「お願いしたはず。『分かりました』と言った」
酒田課長「『分かりました』というのは、趣旨は理解しましたけれども、必ず確認してきますということを申し上げたわけではなく……」
議員側「（担当者に）聞いたのか、聞いていないのか」
酒田課長「現時点では聞いておりません」
議員側「それはちょっとひどいんじゃないか」
酒田課長「（担当者に）確認をしてくださいと言われたことも承っておりますが、それを、どう私どものほうで対応するかまで『分かりました』と申し上げたわけではない」
議員側「課長、約束してほしい。次回までに担当者に確認を」
酒田課長「確約はなかなかできない。持ち帰らせていただきたい」

こんな調子である。繰り返しになるが、国会議員は国民の代表であり、政府はその国民の代表からチェックを受ける立場である。その政府の一員である官僚が、チェックを事実上拒んでいる。

その次、12月5日のヒアリングも付記しておこう。

議員側「担当者に聞いたのか」

酒田課長「それについては『中』で今、検討中でございます」

〈「『宿題』だったはずだ！」など会場騒然〉

議員側「電子データを消去した件はちゃんと聞き取りをした。なぜこちらはヒアリングできないのか」

酒田課長「なかなかお答えしにくい……。我々のほうで検討中でございます」

官僚側は、なぜここまで「抵抗」するのか？

「明らかにすると都合が悪い」としか考えられないが、桜を見る会を巡る一連の疑惑、事実解明がなかなか進まず、20年まで持ち越されたのも、こうした政府・官僚の態度が一因にあることには、多くの人が同意するのではないか。

父・晋太郎氏と山口元会長を結ぶ糸

仮に山口元会長が安倍首相または首相周辺に招待されていたとしたら、そのつながりはいつ、どこで生まれたのか。

安倍首相は山口元会長についてこのように述べている。「個人情報であるため、招待されたかどうかも含めて回答を控える。山口会長については過去、私が招待された多人数の会合等の場で同席していた可能性までは否定しないが、山口氏と一対一のような形で会ったことはなく、個人的関係は一切ない。また私の妻は山口氏と面識はない」（12月2日、参院本会議）

「一対一のような形で」と限定した形で関係を否定するのが気になるし、個人名を挙げて、私的な会合で同席した可能性には触れながら、公的行事である「桜を見る会」に招待したかどうかは「個人情報」として答えない矛盾は理解しがたいが、とりあえず首相は「個人的関係は一切ない」と断言するのだ。

だが、これまた偶然なのかどうか、不思議な事実があった。

父・晋太郎氏だ。

30年以上前、外相だった時に山口氏と付き合いがあったことが分かったのである。

国会議事録を調べてみると、すでに1980年代から、ジャパンライフが問題視され、同社の関連政治団体が多額の政治献金をしていたことが取り上げられていたことが分かる。

86年2月10日の衆院予算委。旧社会党の松浦利尚氏（故人）が、ジャパンライフの84年度の事業報告の中で、晋太郎外相と山口敏夫氏（元労働相）、山口元会長が「『84年9月22日に米ニューヨークを訪問した』とある。これは事実か。そういうことをご記憶か」と追及する。

それに対しての晋太郎氏の答え。

「山口代議士（元労働相）がたくさんの人と一緒に、ちょうど私が（ニューヨークで開かれた）国連（総会）に行っておった時に紹介と言いますか、表敬に連れてきたことは、確かにその中に今の山口隆祥氏ですか、おられたことは事実です」

これだけではなかった。国会図書館で調べてみると、政界専門誌「政界往来」の85年6月号には、同誌主幹の恩田貢氏（故人）が執筆した「山口隆祥会長（ジャパンライフ）は本当に『販売の神さま』なのか」の中で、「84年12月に恩田氏が開いた会合で、晋太郎外相と山口元会長が同席し、『商売の秘訣《ひけつ》』などを語り合った」との内容が書かれているのだ。

当時、安倍首相は勤めていた神戸製鋼所を辞め、82年から外相秘書官を務めていた。84年12月の恩田氏の会合に同席していたかは不明だが、外務省の島桂一・国連政策課長は2019年12月6日の野党ヒアリングで「晋太郎外相が84年の国連総会出席のため、ニューヨークに渡航した際の一行名簿に、外相秘書官だった安倍首相の名前が記載されている」と説明している。

秘書官は閣僚に寄り添い、その手足となる仕事である。しかも2人は親子である。山口氏と晋太郎氏が会った時だけ、首相がその場にいなかった、ということがあり得るかどうか。

首相は「多人数の会合で同席した可能性はある」と認めつつ、自分は全く覚えていない、というニュアンスの説明を繰り返しているが、仮に首相の記憶に山口元会長がなかったとしても、「(ジャパンライフは80年代から、国会などで)マルチ商法で批判されていた。それを秘書官だった安倍首相は知らなかったはずはない」(12月6日のヒアリング、無所属の山井和則衆院議員)との指摘は重い。

なぜなら、山口元会長の「公言」が事実なら、安倍首相の招待状が、ジャパンライフによる被害を拡大させた一因になった可能性があるからだ。

セミナーの広告塔になった招待状

なぜ、この招待状がそれほど問題視されるのか？

ジャパンライフ側が、安倍首相からの招待状を利用して「客集め」をしていたからである。

ジャパンライフは顧客に磁石付きのネックレスやベストなどの「健康グッズ」を購入させ、それをジャパンライフが預かり（預託）、第三者に貸し出すことで、そのレンタル料を持ち主である顧客に支払う、という仕組みとされていた。「顧客が別の顧客を勧誘すれば配当が増える」ともうたっていたという。しかし実際は、同社が貸し出していたグッズはごくわずかで、顧客の商品代金を配当に回す自転車操業を続けていたとみられている。14年以降、繰り返し行政指導や一部業務停止命令を受けていた。被害者は約7000人にのぼるとみられている。

12月12日にあった野党ヒアリングでは、同社の東日本地域で店長を務めていたYさんという男性がこう証言（要旨）した。

「『桜を見る会』の資料（共産党が入手した『安倍首相に山口元会長が招待された』という前出のチラシ）は、山口元会長と本社の業務支援部の担当社員が綿密に打ち合わせて作った。会社の信用を得るためのものだと思う。どういったところで使われたかというと、全国に80店舗あったが、各地で開かれるセミナーで。その時に『安倍首相から山口元会長に招待状が届きました』という資料を、お客さんの前でプロジェクターで映して説明した。ジャパンライフは不安だと思ったお客さんも、資料を見れば信用した。『安心できる会社なんだね』という方がたくさんいた。それで実際に契約もあげていた」「『桜を見る会』の資料は、毎年のように使われていた。首相は『個人的な関係はない』と言っていたが、であれば、なぜ山口元会長に送られているのか」

繰り返しになるが、招待状が送られたとされる15年は、すでに前年に行政指導を受けた後である。顧客の中に、「ジャパンライフは本当に信用できるのか」との疑いが広がっていた時期だ。その不安を払拭《ふっしょく》する「金看板」として、「安倍首相の招待状」が使われた、ということだ。

被害者の訴えは切実だ。11月29日の野党ヒアリング会場で、電話を通じて証言した女性である。

「今までこつこつとためた老後の資金を全部抜きとられた」「山口元会長は『こういう招待状が来ているんだよね』って、みなさんの前で。何十人もいる前で、１００人くらいいたかもしれない。何回か（招待状を）見せられている」「『ジャパンライフはこれだけ有名なんだな』と感じたんです。人を信用してこういうことになってしまった」

別の被害者。こちらは男性だ。

「安倍首相と山口会長との関係については、15年か16年ごろ、2月かそのころの雪のあった時期だったと思いますが、（ジャパンライフの）大会で、会長が安倍首相から（桜を見る会に）招待されたはがき、案内状（招待状）を会場で出して、『私はこれだけの国会議員の方々と親密なんだ、信用ある者だ』と誇らしげに話していたのを鮮明に覚えている」

言うまでもなく、安倍首相や首相周辺、官邸幹部と個人的な関係や接点がない限り、「60～63」の番号が割り振られた招待状は、そもそも届かない。取材班の面々にも、これをお読みいただいている読者の大半にも、そんな招待状は届かない。

ジャパンライフ側が招待状を偽造でもしない限り、首相または官邸が、山口元会長を招いたのは事実である。

誰が、なぜ、山口元会長を招待したのか。

そしてもう一つ。80年代の国会で取り沙汰され、14年にも行政指導を受けたマルチ商法企業のトップが招待された桜を見る会。市民感覚からして、眉をひそめるような人がほかにも招待されていたのではないか、という疑いも浮上する。

そして、それは現実になった。

芸人は一発アウトで政治家はなぜセーフ?

それが最初に話題になったのは、SNS上である。桜を見る会と安倍首相の後援会の問題が話題になって数日後の11月中旬。ツイッターなどで「ある写真」が盛んに流れた。

もともとその写真、ある男性が自分のツイッター上に投稿したとみられているが、現在、そのツイッターアカウントは削除されている。

このアカウントには「桜を見る会2019招待していただきました」とのメッセージ付きで、菅官房長官と並んで笑顔で新宿御苑の芝生の上で握手する場面など、複数の写真が投稿されている。このツイッターには「平成31年　桜を見る会」と記された記章が男性と思われるスーツの胸についている画像もあるほか、過去の投稿では、両肩に入れ墨を入れたいかつい男たちと男性が、海外の有名ホテルのプールで撮影したとみられる写真もある。入れ墨のことを、最近では「タトゥー」と呼ぶ若者が多いが、そんな外来語は似合わないような見事な入れ墨。吉井も十数年前の警察担当時代、取材で知り合った指定暴力団組員が、やはりそんな入れ墨を両肩に彫っていたのを覚えている。

そのため、週刊誌などが相次いで「反社会的勢力を招待か」と報じて騒動が拡大。永田町では、この画像を転載し、個人名や組織名を挙げた怪文書まで乱れ飛んだ。

当の菅氏は何と言うか？　11月26日の記者会見である。

「出席は把握しておりませんでしたけれども、私が、桜を見る会で写真を撮った中に『そうした方』がいたというご指摘を受けましたので、結果として入っていたのだろうということを申し上げた。何年の分か分かりません。いつの時だったか。まったく分からない状況ですけども、まあ、マスコミの方から『そうした方』というご指摘をいただいたということは、これ事実でありますから、結果的に（会に）入られたのだろうというふうに思っています」

さすがに菅氏が「そうした方」と親密な付き合いがあるとは考えられないし、菅氏側にメリットもないだろう。翌11月27日の記者会見で「写真を撮影した人物と面識はない」とも強調しているのだ。

しかし、反社会的勢力であることが事実なら、国民の税金で開く公的行事に「そうした方」を招き、かつ一緒に写真に納まっていながら「知らなかった」で済まされるのか？毎日新聞東京本社4階の編集編成局で、SNS上の反応を見ていた取材班から、誰からともなくこんなつぶやきが漏れた。

「吉本の芸人はダメで、菅さんたちは許されるのか？」

思い出してほしい。「吉本興業」所属の芸人たちが、反社会的勢力（振り込め詐欺グループ）が開いたパーティーに招かれ、金銭を受け取ったり、一緒に写真に納まったりしていたことが発覚し、大問題になったのは19年6月のことだった。

10人以上の芸人が謹慎などの処分を受け、中でも、グループのメンバーと写った写真が週刊誌に掲載された人気コンビ「雨上がり決死隊」の宮迫博之さんは現在も謹慎中。お茶の間から姿を消したままだ。もちろん、宮迫さんも、彼らの素性を知らなかったと主張していた。

吉本興業の岡本昭彦社長は「反社会的勢力の排除が結果的に徹底できていなかった」「会社としてもチェックしきれていなかった」と陳謝した。それだけ反社会的勢力との交際には厳しい目が注がれている。

毎日新聞社にも「吉本ファン」は少なくない。取材班も同様だ。江畑は大阪出身だし、関東育ちの大場、吉井も、幼いころから、吉本芸人が登場するお笑い番組を見て、笑い転げながら育った。「吉本問題」当時、宮迫さんらの涙の会見を見て、同情の気持ちも少なからず抱いた。だが、それでも厳しい処分が科された。

つまり「反社会的勢力と接点を持った」という事実は重い。「知りませんでした」では済まされない、ということだ。

「知りませんでした」で済ます安倍政権

これが一国をつかさどる与党政治家、それも中枢である首相官邸の司令塔、官房長官である菅氏の場合はどうか。桜を見る会は内閣官房と内閣府が共同で事務局を作り、招待者を取りまとめた。つまり菅氏は責任者である。その桜を見る会に反社会的勢力に関わるとされる人物が招かれ、菅氏と一緒に写真に納まっている。

もちろん、野党も黙っていなかった。

「芸人の方があれだけ責められた。（税金を使った）政府主催の行事で公然と菅長官と写真

に写っている。それを許していいのか」（19年11月27日、国民民主党の奥野総一郎衆院議員。記者団に）

「（自民党の森山裕国対委員長に）うちで集めた（菅氏が写った写真などの）資料を見せたら驚いていた。菅氏が責任者である以上、これは本当に大きな問題になると申し上げた」（立憲民主党の安住淳国対委員長）

確認しておきたいが、この会に招かれるのは「各界で功績、功労のあった方々」である。前出のジャパンライフの山口元会長同様、どのような功績・功労を国は評価して、私たちの納めた税金を使って開いたイベントに招いたのか。政府は説明する責任がある。

吉井は暴力団問題に詳しいジャーナリスト、溝口敦氏に聞いてみた。

「『桜を見る会』に反社会的勢力が入り込んでいる、という指摘は、実は何年も前からあった。首相や官邸だけで好きに何千人も招待していれば、そういう人は入り込む。写真にも写る。つまりチェックがずさん過ぎるんです」

この桜を見る会の費用、14年は約3000万円だったのに、19年は約5500万円に膨れ上がっている（28ページ参照）。政府は「金属探知機などテロ対策の強化などで経費がかかった」（19年11月14日、参院内閣委で岡田直樹官房副長官）と、セキュリティー対策が予算を押し上げたとする説明を続けるが、菅官房長官の「結果として入っていたのだろう」とのセリフを聞くと、岡田官房副長官の説明に、説得力を感じる人がどれだけいるか。

溝口氏はメディアや野党の追及にも注文をつける。「『吉本』の騒動の時は反社会的勢力とのつながりがきちんと批判された。それは評価しています。今回はどうか。反社会的勢力が入っていた、あるいは菅さんと写真に写っていたという批判も大事ですが、『桜を見る会』を安倍首相とその周辺が『私物化』したことが問題の根本にあるはずです。そこを忘れず追及してほしいですね」

警察庁は、反社会的勢力とされる人物が招待されていたとの指摘について「名簿の提出を受けていないので分からない」（19年11月27日、衆院法務委での太刀川浩一官房審議官の答弁）として、事実解明には及び腰である。

これまた「なぜ招待者名簿がどこにもないのか」という問題にもつながっているのだろうか。春の到来をことほぐはずの桜を見る会、ここにもパンドラの箱のような、何が飛び出してくるか分からない不気味さすら感じるのである。

その「反社会的勢力」を巡って、もう一つの騒動が持ち上がった。安倍政権とはどういう政権か、その姿勢が垣間見えるので、付記しておきたい。

「反社」の定義を書き換えた安倍政権

ここまで何度か、「反社会的勢力」という言葉を使っている。読者はどんなイメージを抱くだろう。暴力団、薬物の密売人、振り込め詐欺グループ、テロリスト……。

我々はぼんやりしたイメージでも日常生活に差し支えないが、企業や警察はきちんとした定義が必要だ。銀行であれば、暴力団員などの口座開設は許されないし、証券会社が彼らに口座を開き、懐を肥やすなんてことをしたら厳しく指弾される。企業も彼らと取引していたことが発覚すれば、社会的制裁を受けるだろう。

つまり、何が反社会的勢力か、共通理解が必要なのだ。

詳しくは後で述べるが、このために作った政府のガイドラインがある。「企業が反社会的勢力による被害を防止するための指針」で、ここには反社会的勢力について「暴力、威力と詐欺的手法を駆使して経済的利益を追求する集団又は個人である『反社会的勢力』」と位置づけ、「暴力団、暴力団関係企業、総会屋、社会運動標ぼうゴロ、政治活動標ぼうゴロ、特殊知能暴力集団等といった属性要件に着目するとともに、暴力的な要求行為、法的な責任を超えた不当な要求といった行為要件にも着目することが重要」とも指摘している。かなり具体的でイメージしやすい。

ところが、である。

なぜ反社の一員と目されるような人物が「桜を見る会」に招待されたのか、野党やメディアの追及が始まると、安倍政権は驚くべき「決断」を下すのだ。

始まりは菅官房長官その人の記者会見だった。

写真の問題が問われると「反社会的勢力について、さまざまな場面で使われていることがあり、定義は一義的に定まっているわけではない、と承知しております」（11月27日の記者会見）と述べたのだ。もちろん、前出の「指針」があるし、そもそも「世間でどのような場面でどう使われているか」という問題と写真は関係ない。

これが菅氏個人の見解なら、後日「先日、定義は一義的に定まっていないと申し上げたが、政府は指針の中でこう定義づけている」と、修正することもできたはず。だが、ことはどんどん大きくなる。

19年12月10日。安倍政権は新たな「解釈」を政府答弁書として閣議決定したのである。

答弁書とは、国会議員の書面による質問である質問主意書に対し、回答を記した文書のことで、今後の政府見解になることから、必ず閣議決定を経て出される。この件の質問主意書は初鹿明博衆院議員（立憲民主党を離党）によるものだ。

政府の答弁書にはこう書いてある。

「政府としては、『反社会的勢力』については、その形態が多様であり、また、その時々の社会情勢に応じて変化し得るものであることから、あらかじめ限定的、かつ、統一的に定義することは困難であると考えている」としたうえで、「指針」については「現在、民間企業においては、当該指針を踏まえた上で、『暴力団を始めとする反社会的勢力』との関係の遮断のための取り組みを着実に進めている実態があるものと承知している」とだけあり、その位置付けはよくわからない。

これでは民間企業はどうやって、顧客や取引先を反社会的勢力かどうか判断したらいいのだろうか。昨日までの取引先が今日から突然「反社」と認定されてしまったりしないだろうか。

ネットでも疑問の声が噴出した。ツイッター上では、前出の吉本興業の芸人の問題に触れ「定義がないなら『吉本問題』もない」、あるいは「これまでの官公庁の反社との対峙《たいじ》を打ち壊す閣議決定。すごいね」「定義できないものを警察はどうやって捜査、逮捕できんの?」といった投稿が相次いだ。

第1次安倍政権が作っていた反社の「定義」

この「指針」。いつ、どの政権が作ったものか、ご存じだろうか。

実は第1次安倍政権時の07年6月、首相主宰の「犯罪対策閣僚会議」がまとめたものなのだ。安倍首相はもちろん、総務相だった菅氏もその時のメンバーである。

この指針をきっかけに、経済界や金融・証券業界などが「反社の排除」を「企業倫理」として打ち出した歴史がある。例えば、雇用契約などで、従業員に「私は反社ではありません」といった誓約書を提出させるようになったし、経団連が作った「『企業行動憲章』実行の手引き」(17年版)では、反社との付き合いの根絶などに触れた「第9章」の中で、この指針が「参考」として挙げられているほどなのだ。

これに沿って、企業は暴力団や総会屋と取引したり、利益供与にあたる行動をしたりしないよう、細心の注意を払ってきたのである。

これで混乱は終わらなかった。

今度は菅氏。12月11日午前の記者会見で、07年指針にある反社会的勢力の「定義」について「今の政府見解でも変わりはないのか」と問われた菅氏、「当然じゃないでしょうか」と答えたのだ。つまり、「定義」は同じ、ということだ。これでは「定義は困難」とした閣議決定と矛盾する。

5日後の16日午前の記者会見。この矛盾を突かれた菅氏は改めて「指針は全く変わっていない。指針はその通りだ」「個別の件でお困りであれば、警察、関係省庁にご相談いただければ、そこはしっかり対応していきます」と答えた。

ところがこの日の午後の会見。報道陣からこんな質問が飛んだ。

「07年指針の定義は有効だが、定義そのものはない（と菅氏は説明している）。反社会的勢力について、政府の立場は二つの基準があるということなのか」

菅氏が答える。少し長いが、引用する。

「いやいや、あの、指針です。申し上げましたけど、政府指針による定義、そのことは変わっていないということですね。反社会的勢力に的確に対処するため、着目すべき点を掲げているわけですから。ですけど、定義をしてしまいますと、その実態がどんどん変わってくる可能性がありますよね。ですから、どんどんそれから逃れてしまいますと、（対処が）

できなくなってしまいますから、そこは何が最も、この反社会的勢力をなくしていくために大事かなという、そういう観点から申し上げている」

菅氏が何を言っているのか、読者は理解できただろうか。

ちなみに翌17日の会見では「『政府指針による定義』と申し上げたのは正しくない。政府の指針の内容は変わっていないという（意味の）ことで、訂正をさせていただきたい」とも述べている。

あちらを立てればこちらが立たず。菅氏の苦労がしのばれる。

ある自民党議員の見方。

「反社会的勢力とは何か、そこを野党やメディアが追及しにくいよう、あいまいにしておかないと菅さんが、いや安倍政権全体が今後困るかもしれない、ということでしょう。つまり『問題あり』の人物は、ほかにも招待されていた、と。私も招待枠があったが、『功績・功労』なんて、一切聞かれなかった。党本部に招待したい人の氏名や住所を送れば、内閣府からその人たちに招待状が届いた。それにしても、変な閣議決定で、無理につじつまを合わせようとするから、どんどんほころびが広がってきて。バカげたことをやったもんですね」

第6章

終わりの始まり

取材班、首相記者会見へ

そして12月。

「桜を見る会」の疑惑のつぼみは、膨らむことはあっても、しぼむ気配はさっぱりない。招待枠、前夜祭、消えた招待者名簿、招待者を巡る疑惑……。何一つ、すっきり説明できるものがない。東京新聞12月5日付朝刊「こちら特報部」に掲載された記事の見出しが、全てを物語っていた。

「疑惑満開『桜を見る会』」

いつもの年なら、ニュースの乏しくなる年末年始に備え、記者たちは記事を書きためたり、あるいは新年早々に始まる連載記事などの取材・執筆に走り回ったりする時期である。元日に放つべく、スクープ記事の仕込みに忙しい記者もいる。いわゆる「年末進行」である。

外勤記者だけではない。紙面の記事構成や見出しを考え、レイアウトをする編集記者も忙しい。日々の仕事に加え、元日の特集記事や別刷りなど、正月用の紙面の準備も重なる。どれも12月下旬の早い時期にメドをつけておかないといけない。12月は、新聞社が最も多忙な時期だ。

そこはウェブ用の記事を重視する統合デジタル取材センターも変わらない。

東京・竹橋のパレスサイドビル4階の毎日新聞東京本社編集編成局の一角。1月にスタートする就職氷河期の連載記事に登場する取材対象者との交渉に忙しい記者もいれば、日米安保の問題を掘り起こす記者もいる。夜遅くまで、夜食片手にパソコンの画面をにらんだり、資料をめくったり、あるいは保育園の「お迎え」時間ぎりぎりまで電話取材し、慌てて会社を飛び出したり。デスクは深夜まで、記者から続々と届く原稿に筆を入れる。みんながそれぞれのゴールを目指していた。

ところが、取材班の面々の顔色はさえなかった。

政府側が説明すればするほど、新たな疑問が湧いてくる。私たちのゴールは一体、どこなのか。

第5章で触れたように、野党ヒアリングで耳にする内閣府幹部らの言動も、もはや聞くのが苦痛なほどである。

例えば、例の「60」問題一つとっても、内閣府自身が割り振った番号で、しかも毎年、同じ番号を使っているはずなのに、「当時、その区分をどういうふうに決めたのか、そこは本当に分からない」（19年11月26日、野党ヒアリングで内閣府の酒田元洋官房総務課長）と言ってしまう。

ならば、と当時の担当者に「60」の意味を確認するよう、繰り返し求めても「先日来と同じで申し訳ございませんが、（担当者に聞き取りを）やるのかやらないのか、についても検討させていただいています」（12月10日、同）と答えてくる。事実確認の手前の聞き取りすら、やる気があるのかないのか分からない。

野党の肩を持つわけではないが、官僚たちの常識とはかけ離れた「論法」を聞いていると、不信はいやますばかりなのだ。

「結局のところ……」

江畑が疲れ切った表情で切り出した。

「安倍さんに聞いてみるしかないのかなあ」

前出の「疑惑満開」の紙面をチラリと見て、吉井もうなずく。「このままじゃ、らちがあかないし。いっそ『じか当たり』もいいですね」

「そうであるなら、国会の会期末の12月9日、例年通りなら首相会見があるけれど……」

と政治部経験のある大場が教える。話がまとまり、取材班は早速、首相会見に参加することにした。

実は安倍晋三首相単独での記者会見は年頭、通常国会閉会後、主要国首脳会議（サミット）など主要外交交渉の前後、臨時国会閉会後――など、年に数回しかない。首相に疑問を直接ぶつけられる貴重な機会なのである。

「……で、我々は首相官邸に入れるのか？」

繰り返しになるが、私たち統合デジタル取材センターは、特定の記者クラブに所属していない。例えば、テレビドラマにもなる警視庁の記者クラブに所属する記者は、専用の通行証が与えられる。これがなければ出入りは自由にできない。

国会議事堂や国会議員が事務所を構える議員会館、一部の省庁では、国会が発行する記者証などがあれば出入りができる。しかし首相官邸は文字通り、この国の中枢である。セキュリティーは格段に厳しい。国会の記者証とは別に、官邸取材用のＩＤカードが必要なのだ。政治部記者は持っているが、私たちにはない。事前に申し込みが必要という。

早速、事情に詳しい大場が首相官邸に申し込んだ。これがまた、新鮮である。

保安上の関係で詳細は記さないが、決まった書式の紙に、所属社や氏名などを手書きする。それを官邸の報道対応の担当部署にファクスをする。官邸では、その情報をもとに通行証を発行する、というのがざっくりした流れだ。

令和のニッポン、IT系企業は言うに及ばず、一般企業でもペーパーレス化が進んでいる。そんな中、日本の中枢機関に手書きでファクスを送る。今や貴重な経験だ。

この日、会見に行くことになった江畑、吉井は第2次政権発足以降、ずっと安倍政権をウオッチしてきたし、もちろん国会議事堂や議員会館、自民党本部の取材経験はある。だが、実は首相官邸に入るのは初めてである。

何年記者をやっても、初めての経験は緊張する。首相会見が予定されていたのは12月9日午後6時だが、緊張のあまり、1時間近くも前に官邸に到着してしまった。

門前を固める多くの警察官の厳しい視線を浴びつつ、受付で名乗って通行証を受け取る。さらに何重にもわたるチェックや通行証の確認、所持品検査をクリアし、ふらふら迷い、何とか官邸1階の会見場にたどり着いた時は、それだけで何かを成し遂げた気分になり、思わず大きく息をついた。

その会見場の様子も記しておこう。正面に首相が立つ一段高い演壇があり、その前には記者用の椅子がずらりと60～70脚ほど並んでいる。さらに後ろに撮影専用のひな壇が設けられており、新聞社やテレビ各局のカメラが並んでいる。

演壇には演台と、秘書官らが書いた会見用の原稿をガラス板に映し出し、首相が読む「プロンプター」と呼ばれる器具が、演台の左右にセッティング済みであった。読者も、記者会見のテレビ中継などで、安倍首相の目線が左右の同じ場所を往復する姿を見たことがあるだろう。これは、左右のプロンプターが映し出す原稿を首相が読んでいるためである。第2次安倍政権で初めて導入された。演台でも原稿が見られるようになっているらしい。

記者用の椅子にもルールがある。最前列から2列目ほどは、官邸取材を担当する記者クラブ「内閣記者会」加盟社専用。所属会社のないフリー記者や英語同時通訳用のイヤホン

記者会見する安倍晋三首相。この日は空席が目立った＝首相官邸で2019年12月9日、梅村直承撮影

などが置かれた外国メディア専用の席もある。

私たちは、いわば「部外者」である。官邸で長年、取材を続けてきた記者たちへの配慮や敬意は欠かせない。古い居酒屋には、常連の座る席と、新参の席とを分ける暗黙のルールがある。私たちもやや遠慮がちに後ろに陣取り、首相の登場を待つことにした。

私たちのノートには、次のような質問項目が書き連ねてあった。

①ジャパンライフの山口隆祥元会長が公言しているように、首相または妻昭恵氏は15年の「桜を見る会」に、山口元会長を招待または推薦したのか。

②安倍首相は「(招待者の推薦について)意見を述べることもあった」と言った。どういう意見を述べたのか。

③内閣府は「名簿は紙も電子データも一切どこにも残っていない」、あるいは安倍事務所は「前夜祭の明細書は受け取っていない」と説明しているが、首相は本当にそれを信じているのか、あるいは官公庁や民間企業の常識に沿っていると考えているのか。

④国会議員が内閣府に資料請求した日に内閣府が関連資料を捨てた、というのは、国会議員による行政の監視・チェックという三権分立の原則から見て、驚くべき事態だ。行政

は全力で名簿を復元し、国会に示すべきではないか。

全容の解明には不十分だが、少なくともこの点だけは首相にじかにただしたかった。厳しいやりとりになるだろう。しかし、肝心の内閣府の官僚がのらりくらりとした答弁を続けている以上、粘り強く問いただすしかないのである。演壇脇で、SPが油断なく目線を会見場に走らせている。緊張は高まる。

ところが、会見直前、官邸の報道担当職員がこんなアナウンスをしたことから、私たちのもくろみに暗雲が漂い始めた。

「総理はこの後の日程もありますので、質問は1人1問までにしてください」

2人で顔を見合わせる。聞きたいことは山ほどあ

記者会見に臨む安倍晋三首相（中央）＝首相官邸で2019年12月9日、長谷川直亮撮影

る。先ほどの四つの質問にしても、絞りに絞ったのだ。1問だけで、疑問が氷解するはずがないではないか。菅義偉官房長官の会見では、記者は繰り返し質問できるが、首相会見は「風習」が違うらしい。

そして午後6時。菅官房長官ら官邸幹部が会見場へ。直後、菅氏らが深々と頭を下げる中、安倍首相が演台の前に立った。

美辞麗句とプロンプター

安倍首相は、まず今国会で成立した法律に触れつつ、ジェスチャーを盛んに交えながら、成果をアピールし始めた。詳述しても、つまらない。「国益にかなう結果」「チャレンジを力強く後押し」「新時代を切り開く」「全ての世代が安心できる社会保障」「令和の時代を迎えた日本も今、新しい躍動感にみなぎっています」などの美辞麗句が並ぶ。

安倍首相の演説全般に言えることだが「力強く」「大胆な」「新しい」「〜を見据え」「〜の旗を高く掲げ」といった形容詞や修辞が多すぎて、逆に説得力に乏しく感じてしまうのだ。いや、演説原稿を書いている首相秘書官らは「これに限る」と考えているのかもしれないが。

そんな取材班の思いとは関係なく、首相はプロンプターに視線を走らせ続ける。記者たちがノートにメモする代わりにたたくパソコンのキーボードの音が、いやに大きく響く。

驚いたのは、13分ほどの首相の発言が終わった直後である。例のプロンプター、するする、と下がっていくではないか。何だか歌舞伎で、舞台の役者を「奈落」に下げる「せり」の仕掛けを思わせる。おそらく発言終了に合わせ、職員が遠隔操作しているのだろう。これを「ハイテク」と言って良いかは分からないが、手間のかかる仕掛けである。

ひとり、するする、と下がっていくプロンプター。何とも言えない、味わい深い光景に、思わず前出の「手書き」「ファクス」を対比させた。どちらにせよ、首相会見にはいろいろな労力がかけられているようだ。

これからは記者の質問タイム、プロンプターの原稿に頼らず、首相が生の言葉で記者と丁々発止のやりとりを繰り広げるに違いない、と思わず背筋を伸ばした。

ところが、である。

まず、内閣記者会の幹事社の記者2人による「代表質問」である。質問は二つ。「憲法改正」と「桜を見る会」。

取材班が注目する「桜を見る会」の質問は次の2点。「『消えた招待者名簿』について、内閣府に再度、電子データなどを探してみるよう指示を出すつもりはあるか」「ジャパンライフの山口元会長が招待された疑惑が浮上しているが、誰かに紹介されて面会したことは一切ないのか」――。

安倍首相、すらすらと答える。

まず名簿について。「『桜を見る会』については昭和27年以来、内閣の公的行事として開催されているものであります（中略）招待者名簿は内閣府があらかじめ定められた手続きにのっとって適正に廃棄をしているところであります。菅長官が内閣府に確認させた結果、データの復元についても不可能であるとの報告を受けたものと承知している」

質問に答えていない。つまり、指示は出さない、ということなのだろうか。確認すべき点がまた増えてしまった。

そして山口元会長の件。「山口元会長とは過去、私が招待された多人数の会合等の場で同席していた可能性までは否定しませんが、山口氏と一対一のような形でお会いしたことはない。また個人的な関係、今おっしゃったような個人的な関係（政治活動の一環での食事や、誰かに紹介されての面会）は一切、ございません」

第5章で紹介した12月2日の参院本会議で安倍首相が述べたことと、同じである。

よく見れば、今度は安倍首相、プロンプターの代わりに、手元の演台に視線を走らせている。どうやら原稿か、メモの類いのようなものがあるらしい。

いささか拍子抜けしたが、ここまではいい。

代表質問は内閣記者会と官邸とで「手続き」が決まっている。国会同様、事前に質問を報道担当職員を通じて通告している。原稿やメモも事前に用意されている。

不可解だったのは、その後だ。

疑いは確信に。「私たちは、当てられない」

司会役の官邸職員が「これからは外国メディアを含め、幹事社以外の質問もお受けいたします。希望者は挙手をお願いします」と、「縛り」を解禁した。各記者が一斉に挙手。もちろん、私たちも手を挙げる。だが――。

「では（米通信社ブルームバーグの）〇〇さん」と、まず指名されたのは海外メディアの女性記者。来日する中国・習近平国家主席を国賓として迎えることをどう思うか。首相がすらすらと答える。やはり手元で何か原稿やメモらしきものに目を落としながら。

再び江畑、吉井は顔を見合わせる。いや、これはたまたま、官邸の旧知の記者が当てられただけだろう。

「では（NHKの）○○さん」。今度はテレビ。しかも内閣記者会所属の記者である。首相が手元に目を落としつつ、やはりスムーズに回答する。

そして次。再び挙手。

「では（ニコニコ動画の）○○さん」

フリーランスの席に座っていたインターネットメディアの記者である。

今度は、参院選の低投票率と若者の政治参加について。今国会のテーマとは離れたかなり意外な質問に感じたが、首相はよどみなく答えるではないか。やはり手元に目を落としながら。

この時点で、私たちの「疑い」は「確信」に変わりつつあった。

そう。私たちは、当てられない。

司会が無情に告げる。「ぼちぼち最後の1問にしたいと思いますけれども、いかがですか。（読売新聞の）○○さん」。また内閣記者会所属記者。イラン情勢を受けての自衛隊の中東派遣について質問する。首相、また手元を見つつすらすら。

で、終了。記者会見の時間は33分ほど。我々は案の定と言おうか、指名されずじまいである。我々と同じように、ずっと手を挙げていたのに当てられなかった記者はほかにもたくさんいた。

思えば、司会の官邸職員は自分が名前を知っている記者しか指名していない。しかも「代表質問」同様、明らかに質問に対する「答え」が記されたメモのようなものを見ていた。プロンプターがするする下がっても、首相の、本当の生の言葉は聞けなかったのだ。

この日の会見、結局、取材班の疑問は何も解けなかった。

「いつまで『桜』やっているんだ」論

そんな安倍首相の会見をトリとして、19年12月9日、臨時国会は閉会した。

忘年会シーズンが始まろうとしていた。年を越せば、この「桜を見る会」を巡る数々の問題を国民もメディアも忘れ、新年には疑惑追及ムードも消え去っているはず。野党が要求した臨時国会の会期延長を蹴り、閉会を急いだ背景には、政府・与党のそんな思惑が透けて見える。

例えば自民党の二階俊博幹事長の12月3日の記者会見での発言だ。

前日の参院本会議。安倍首相が「桜を見る会」を巡る自身の疑問について、「問題なかった」という趣旨の答弁を繰り返していた。二階氏はどう感じたか？　記者の質問に、二階氏が答える。

「（疑問点を巡る議論が）尽くされたという人もいるし、尽くされていないという人もいるでしょうけれども、この件については、大体こういうことであったというのがほぼ皆に分かっただろうと思います」

翌4日も、自民党の森山裕国対委員長から耳を疑うような発言が飛び出した。森山氏は首相の12月2日の答弁に触れつつ「議論を重ねてきた」「国民の理解もいただきつつあるのではないか」と総括したのだ。

改めて記すが、「私物化」と批判された首相らの「招待枠」とは何だったのか。なぜ安倍首相は多くの後援会関係者を招待することができたのか。「明細書の発行はない」などと、一般常識からは理解しがたい説明を安倍首相が繰り返した「前夜祭」は、本当に政治資金規正法などに触れる違法行為はなかったか。

「消えた招待者名簿」もある。野党が関連資料を内閣府に要求したその1時間後に、その内閣府が名簿をシュレッダーにかけたのは、偶然か故意か。問題の5月9日、資料請求の情報はどう伝えられていったのか。毎年開かれる恒例行事の関連資料が、「電子データまで含めて残っていない」なんて、あり得るか。

「ジャパンライフ」の山口元会長を招いた疑惑はどうか。山口元会長と安倍首相、官邸とのつながりは何か。誰がなぜ招待されたか。なぜ官僚は招待区分「60」の意味について、確認を拒み続けたのか。

そしてそもそも、公費で開くイベントに、誰を招待していたのか。名簿には何が書いてあったのか。

「疑惑が生まれた日」19年11月8日以降、これらの問題について、腑《ふ》に落ちる答えが全く示されていないことに読者もお気づきになるだろう。

事実、報道各社の世論調査にも、国民の不満は表れている。

毎日新聞の調査（19年11月30日、12月1日）では、「誰の推薦でどのような人物が会に招待されたのか」について、政府は「明らかにすべきだ」と答えた人が64％に上る。招待者名簿の廃棄についての政府説明も「納得できない」との回答が72％に達していた。

12月に入っても国民の不信は増すばかりである。

共同通信の調査（12月14、15日）では、首相や政府は「十分に説明しているとは思わない」と答えた人は83・5％、読売新聞・日本テレビ（12月13〜15日）でも、政府説明に「納得していない」が75%にのぼった。安倍政権に好意的な産経新聞・フジテレビ（12月14、15日）でも、「招待者の取りまとめに関与していない」との首相説明について、「納得できない」が74・9%に達した。

内閣支持率も同様で、12月21、22日の朝日新聞調査では支持率は6ポイント減の38%、不支持率は6ポイント増の42%と、支持・不支持が逆転した。

ところが、政府の姿勢はかたくなだ。

12月17日に開かれた野党ヒアリングでも、例の「60」問題について、内閣府の酒田総務課長はこんな「説明」を繰り返した。

「招待状の発送のために便宜上の整理としてつけたもの。（当時の担当者への聞き取り確認は）現時点で、有意な聞き取りができるか、分からないということで、聞き取りは考えていないとお答えさせていただいた」

「60」という番号、「第5章」でも詳述したが、内閣府が招待状の封入業者に向けて作成した「仕様書」で記されていることに従えば、「総理、長官等」の招待区分を示す番号である。「発送のために便宜上の整理としてつけた」ものであろうがなかろうが、「総理、長官等」である事実は変わらない。

毎日新聞社などの請求に基づき、国立公文書館が12月24日に開示した05年の桜を見る会招待者一覧の文書には、「60」の区分は「総理大臣」と明記されていたことが判明。常識的に考えて現在も「60」は「首相枠」のはずだが、政府はかたくなに認めない。

私たちは、政治学が専門で、国会の質問制度に詳しい千葉商科大の田中信一郎准教授に聞いてみた。田中氏は開口一番「『理解』って……。一体誰がしたんでしょうか」と首をひねる。

「安倍さんは、確かに12月2日、参院本会議で答弁しました。でも、本会議は予算委員会などと違って、答弁に対して野党は再質問できません。つまりまだ安倍さんの『言いっぱなし』に過ぎないわけです。質問を重ね、新たな答弁を引き出し、事実を積み上げて国民が検証する材料を形作る作業が、国会の重要な機能ですが、安倍さんは一度もその場に出てきていない。やっと本会議で一度説明しただけ。実は問題の解明はやっと始まったばかりなんです」

ところが、SNS上や右派系雑誌では、主に安倍政権支持を公言している人たちなどから「いつまで『桜』をやっているんだ」「また『桜を見る会』。もう飽きた」「経済、国防…。ほかにも議論すべき大事なことがある」といった声も上がっている。

この光景、取材班には既視感がある。例の森友・加計学園問題の時も「いつまで『モリカケ』やっているんだ」「ほかにもっと大事なことがある」といった声が、やはり同じ人々を中心に上がっていたのだ。18年5月ごろのことである。

当時、この「いつまでモリカケ」論をどう思うか、吉井は自民党の村上誠一郎・元行政改革担当相や、憲法問題に詳しい弁護士らに取材していた。

村上氏はこの時、「森友問題で言えば、(国有地払い下げ交渉の)記録文書があるのに、財務省の理財局長(当時)が『記録はない』とウソをついて記録を廃棄し、さらに国会提出資料は改ざんされた。『政治家や役人はウソをついてはならない』という民主国家の大原則を壊しかねない大問題だ」と憤っていた。

村上氏は「『モリカケより大切な議論がある』というが、『たかがモリカケ』でこの有り様なのに、安全保障や外交で、まともな議論が期待できるのか」とも話していた。

なるほど、少子高齢化や格差問題など、議論を深めて、早く手を打ってほしい課題はいくらでもある。だからといって、この桜を見る会の問題、無視していいのか?

再び前出の田中准教授。

「国会は政府の案に基づき、税金をどう使うかを議論する場です。首相たちが税金を私物化していないか、国会議員は当然チェックしなければならない。税金の私物化が疑われる政府に、税金を執行する資格はないんです」

今回、その「私物化」が疑われるのが、税金で開かれた「桜を見る会」である。

「だから『いつまでやるんだ』じゃなく、疑惑が払拭されるまで、いつまでもやらなければならない話なんです。それが国会議員の義務です」

となると、安倍政権はどうすべきか。

「裁判は、被告側は『推定無罪』で、検察側に立証責任がありますが、国会は違う。疑われた政府があるべき公文書をきちんと開示し、国民に自身の潔白を証明しなければならないんです。税金が適正に執行されていることを示すためにあるのが公文書ですから」

その公文書、「招待者名簿」も含め、政府は「廃棄した」の一点張りだ。

「本来は、文書を捨てている時点で、それは『クロ』だ、と言いたいところですが……」

と田中氏が続ける。

「臨時国会で解明ができなかったなら、20年の通常国会で解明しなければなりません。予算委などで、安倍首相本人に直接疑問をぶつけ、徹底的に説明を求める。野党は『いつまで『桜』をやっているんだ』論に惑わされてはなりません。さっきも言った通り、これは疑いが払拭されるまで、いつまでもやらなければならない話なんです。『桜を見る会』すら私物化するようなら、安倍政権はもっと大きなことでも私物化し、行政をゆがめているのではないか、と疑うのが普通ではないでしょうか。そんな政権に、『もっと大切なこと』の議論など、できるはずがありません」

結局、何が問題なのか

とはいえ、新しいキーワードや問題が次々に出てくるため、この桜を見る会の問題の本質を時に見失いそうになる。何が本質なのかをここで改めて整理しておきたい。

「桜を見る会は国の公式行事で、当然税金が使われています。そこに首相個人の支援者を多数招待したとなると、首相が税金を自分の財布にしたようなものです」

前出の田中氏は言う。改めて経歴を紹介すると、田中氏はかつて、新党さきがけの田中秀征衆院議員（当時）、中村敦夫参院議員（同）の秘書を務め、民主党政権で内閣官房国家戦略室上席政策調査員として政府の仕事に携わった。その後も長野県総合政策課企画幹などを歴任し、政治や行政の現場をよく知っている。

「本来、税金は国民全体の福祉や公益のために使われるものです。にもかかわらず、桜を見る会では、それが個人的な支援者の接待に回されていたというわけです」

おさらいをしておくと、菅官房長官は当初「総理枠、政治枠といった特別なものはない」と、否定していたが、結局、19年は首相推薦の招待者が約1000人、さらに自民党推薦が約6000人いたことを認めた。そしてこれらの「枠」は、実はもっと多かったのではないか——という疑いもある。

首相に近い人物や自民党幹部からは、支援者を招くことの何がいけないのかと言わんばかりの発言が相次いだ。既に紹介したが、安倍首相の秘書だった前田晋太郎・山口県下関市長は11月18日の記者会見でこう述べた。

「選挙で勝って、主催になって、多くの方に喜んでもらえるのは悪いのか」

「何十年も頑張って応援してきた議員がトップをとって、招待状が届いて、『今まで応援してきてよかったな』となるのはよいのでは」

自民党の二階幹事長も11月12日の記者会見でこう言った。「誰でも議員は、選挙区の皆さんに機会あるごとに、できるだけのことを呼びかけて参加いただくことに配慮するのは当然だ」「（議員枠が）あったって別にいいんじゃないですか。何か特別問題になることがありますか」

これらの発言は、安倍首相や自民党議員の支持者には「ウチの先生は人情に厚い」と響くかもしれない。だが、民主党政権時代に当時の首相側近や党幹部が同じことを言ったとしたらどうだろうか。

田中氏は言う。「首相が支援者のために税金を使うのは不公正です。政権維持のために接待したことになる。これはどんな政党が政権に就いても同じこと。主義主張は関係ありません」

では、税金ではなく、首相のポケットマネーなら支持者を接待していいのか。答えはノーだ。それは公職選挙法で禁止されている買収という行為になる。

選挙の時に有権者に「飲ませ食わせ」、いわゆる供応接待をして候補者や陣営幹部が公選法の買収罪などで起訴される例は国政、地方を問わずある。さらに、候補者が直接関係していなくても、陣営幹部の有罪が確定すれば連座制が適用されて当選が無効になることもある。それだけ買収は厳しく禁じられているのだ。

それはなぜか。公選法の罰則規定に詳しい立命館大学法科大学院の松宮孝明教授（刑法）は言う。

「選挙は民主主義の基本です。有権者が政党や候補者の主張を判断したうえで自由な意思による投票で行われなければなりません。ですが、供応接待をすれば、有権者が誘導されて票を入れてしまう可能性があります。これではカネで民主主義がゆがめられてしまう。だから罰則を設けて禁止しているのです」

つまり、民主主義の根幹に関わる問題なのだ。

桜を見る会のもてなしは買収にならないのか

19年の桜を見る会では、次のような飲食が提供された。小西洋之参院議員（無所属）の問い合わせに内閣府が答えた。

それによると、料理は、山菜がトッピングされた茶そば3000食、老舗総菜店が実演で提供した焼き鳥7000本、タケノコご飯・赤飯各7000食、フライドチキン4500個――だった。飲み物は、安倍首相の地元・山口県の銘酒として知られる獺祭《だっさい》を含む日本酒40本、たる酒4たる、甘酒・紅茶・緑茶（それぞれホット）各2500杯――など。このほか、和菓子と洋菓子の詰め合わせがそれぞれ1万8000パック用意されるなど、業者との契約総額は2191万3232円だった。

なかなか豪華なメニューだが、これらのもてなしは買収にならないのか。

政府は「招待者は最終的に内閣官房及び内閣府で取りまとめており、推薦された人がそのままではない」（11月21日、参院内閣委での大西証史・内閣審議官の答弁）として、飲食物提供は買収にあたらないとの見解だ。

だが、松宮氏の見方は違う。「買収に当たると考えていいと思います。『安倍晋三』という衆院議員が自身の後援会を使い、自分の選挙区の有権者を招いて利益を与えた。後援会は国会議員を応援して当選させるための組織なので、公選法の買収罪における『当選を得させる目的をもって』の部分に該当します。捜査機関は本腰を入れて捜査をすべきです」

また、19年の桜を見る会には同年夏の参院選で改選だった議員に多くの枠が割り当てられていた。選挙を控えた議員の枠を増やし、そこに後援者が多数参加していたなら、やはり「同じように公選法違反の可能性が出てくる」（松宮氏）という。

こうした状況から浮上してきたのが、「私物化」というキーワードだ。

前述したように、首相の妻昭恵氏にも推薦枠があった。政府は「首相夫人は私人」と閣議決定しているにもかかわらず、である。

田中氏は「夫婦で税金を私物化しているとの批判は免れない」と指摘する。そして「首相の『私物化』は今回が初めてではない」とも。

それは森友・加計学園問題だ。

「これらは税金というより、首相の権限が私物化されたケースです。税金も権限も、となれば、安倍首相は国家を私物化しているということになります」

安倍政権の行方

その安倍政権の今後にも触れておきたい。

政局的な視点で見た場合、安倍首相を巡る最大の焦点の一つは、自民党総裁「4選」があるかどうかだろう。

これに対し、政治アナリストの伊藤惇夫氏は「これは僕は現実的にはあり得ない、と見ています」と断じる。

安倍首相の宿願は憲法改正であることはよく知られている。第2次政権で再登板したのも、「改憲を果たせていない。つまり政治的に『成仏』していないから」というのが「前提」だった。

父・晋太郎氏の地盤を継ぎ、初当選したのは1993年。その2年後、初めて全国メディアのロングインタビューに応じた、と思われる月刊誌「経済界」の95年6月27日号が興味深い。政治評論家の細川隆一郎氏（故人）に問われ、やはり改憲を訴えた安倍首相。ただし現在のような9条改正論には触れず「89条の私学助成金という表現は日本語としておかしいですし、総選挙（7条）という表現も分かりづらいものがあります。26条の子女という表現は差別用語です。こういったところは早急に改正する必要があるのではないか」と述べていた。

今の「安倍流改憲論」とはかけ離れているが、改憲へのこだわりは一貫しているのだ。祖父・岸信介元首相が果たせなかった改憲の夢、ぜひ自分が、という思いもあるだろう。2017年5月3日の憲法記念日、首相が改憲派の憲法集会にビデオメッセージを送り、「改正憲法の20年施行」の目標を掲げた時は、内容の是非は別にして、その執念に驚いた。

しかもそれまで、総裁は「連続2期」（1期3年）がルールで、本来は18年9月までが安倍首相の任期だったが、党規約を変更し、「連続3期」、つまり「21年9月まで」に引き延ばすことまでしているのだ。3期でダメなら、さらに規約を変えて4期目で、というのはありそうに見える。現に、麻生太郎財務相は「文藝春秋」20年1月号で「安倍4選」の可能性に触れている。

しかし――。

19年の臨時国会は10月にまず菅原一秀経産相（当時）と河井克行法相（同）が不祥事で相次ぎ辞任。続いて11月には桜を見る会を巡る嵐が吹き荒れ、自民党が19年中の成立を目指した国民投票法改正は実現せず、憲法審査会の議論も停滞したままだ。

いや、桜を見る会以前に、そもそも国民が憲法改正の必要性を感じているとは言いがたい。

毎日新聞の19年4月の世論調査では、安倍政権の間での改憲には、「反対」が48％で、「賛成」の31％を上回った。自民党と連立を組む公明党の山口那津男代表ですら、19年の参院選期間中の演説で、安倍首相とは対照的に、ただの一度も憲法改正の必要性を口にすることはなかった。

つまり、改憲という意味では、安倍首相は「行き場」を失いつつあるように見えるのだ。

伊藤氏が続ける。「世論も盛り上がらず、改憲が具体的に進むメドが立たないのなら、4選して首相の座にしがみついても意味はない。首相は、何か大きなことを成し遂げて、歴史に名を刻みたがるものです。安倍氏の場合、それが改憲なんですが……」

首相も予想していなかったであろう桜を見る会の問題が、困難になりつつある「宿願」の達成の前に、大きく立ち塞がっている形なのだ。

答弁拒否の回数にまつわる驚くべき事実

そんなわけで、私たちも政治部や社会部の記者たちも、今日も国会へ行き、関係者に会い、資料を調べ、政府側の発言を読み返し、これまで示したような疑問を解き明かそうと試みている。

取材班の記者や書いた記事には、記者や統合デジタル取材センターのツイッターアカウントを通じて「疑惑を徹底的に解明してほしい」「毎日新聞が頑張っている」といった励ましの声が寄せられる。もちろん、ありがたい。励みになる。

同時に「いつまでマスゴミは『桜』で騒いでいるんだ」という批判も寄せられる。この気持ちも、人情として分からないでもない。消費増税後の景気も心配だ。少子高齢化もどんどん進む。名簿がどうだ、前夜祭の会費はいくらだ、なんて、いつまでもやることないじゃないか、と。疑問を示す報道に「反日だ」といった声も散見する。

ただ、取材班は、野党ヒアリングの場で、あるいは国会の場で、閣僚や官僚が野党議員に「お答えは差し控えさせていただきます」と、さしたる説明もなく、当然のように答弁拒否する場面が日常的になってきたことが気になっていた。

この傾向をざっくり数値化してみたい。吉井は、国会議事録を頼りに、「お答えを差し控える」「答弁は控える」など、答弁や説明を拒む12パターンの言葉について、政府側が使った回数を調べてみて、驚いた。

民主党・野田佳彦政権時の２０１２年（国会会期は計２４８日）は計１０５回だったが、19年（同２２２日）は４００回超に達していた。

別に旧民主党政権の肩を持つ意味はない。安倍首相が再登板した13年（同２１１日）の１６４回と比べても大きく増えていたのだ。

もちろん、学術的に厳密な調査の上での数字ではないが、大きな方向性は見えてくるだろう。

安倍政権下のこの7年で、何が起きているのか。

政治家のコミュニケーションに詳しい駒沢大の逢坂巌准教授は「13年と比べても、明らかに現政権は国会議員の質問、つまり国民の質問を軽視するようになったと言える。最近の政治姿勢がよく表れている」と見る。

「議院内閣制の国会議員にも、国民の代表として、私たちが政府に負託している権力や税金が適切に使われているかを監視・検証する仕事がある。そのために質問するのです。本来は説明拒否は許されないのですが、19年は国会会期中、平均して1日2回も説明自体を拒否していたなんて……」

桜を見る会でも、例えばジャパンライフの山口元会長自身が「招待されました」と公言しているにもかかわらず、野党がその事実を確認しようとしても、安倍首相は第5章で触れたように「(招待されていたかどうか)個人情報なのでお答えは控えたい」と拒否し、官僚ですら、野党が求める事実確認を拒み続けているのだ。

本来、政府が適正に予算を執行したことを国民に証明するものが公文書だが、桜を見る会では、その核になる招待者名簿は、すでに紙も電子データも廃棄され、どこを探しても見つからない、との説明を政府が繰り返す事態に陥っている。

つまり国会の「お答えは控える」答弁だけではない。政府全体が、「説明拒否」の姿勢を強めているとしか言えないのだ。

民主主義は、政府が国民に説明し、国民が判断材料を得ることで成り立っている。逆に言えば、説明責任を果たさない政府の下では、民主主義は成り立たない、ということだ。

19年の「桜を見る会」の経費は5518万円である。100兆円超の国家予算から見れば、実に微々たるものだろう。でも、その微々たるイベントですら、フタを開けてみれば、これだけの疑惑や疑問が飛び出してきたのだ。

政府に説明責任を果たさせる。安倍首相が再登板時に使ったスローガン風に言えば、そんな政府を取り戻す、ということだ。

そのためには首相や官僚に質問して説明を求め、その説明が事実かどうかを明らかにしていかなければならない。だから報道を続けるのである。

2020年の幕が開いた。疑惑の真相が明かされるのはこれからだ。

おわりに

「まるで『脱法内閣』じゃないか」――私たち取材班が「桜を見る会」疑惑について取材を進める中で、浮かび上がってきた言葉だ。

安倍晋三首相は政府の公的行事である桜を見る会を私物化し、多くの後援会関係者を接待していた。同じことを首相がポケットマネーでやれば、公職選挙法に抵触する可能性が高い。しかし、内閣府や内閣官房を通し、私たちの税金で接待した場合はどうなるのか。今のところ捜査当局が動く気配はない。

公選法も、まさか時の首相が税金を使って数百人規模にのぼる自身の後援会関係者をもてなす、などということは想定していなかったのだろう。これは「脱法行為」に近いのではないか。

同じように、前夜祭を巡って首相は「安倍事務所職員が集金を代行しただけで、後援会にお金の出入りがないので、政治資金収支報告書に記載する必要はない」と繰り返している。仮に事務所職員が集金を代行したのだとしても、首相の後援会が主催して一流ホテルで800人規模のパーティーを開きながら、収支報告書にまったく記載がなく、国民が首相の政治活動をチェックできないというのは異常ではないか。

政治活動の公明と公正を確保する政治資金規正法の目的から逸脱しているのは明らかだ。こちらも、立法時にパーティーそのものを「なかったこと」にする政治家が現れることなど想定されていなかっただろう。

そして預託商法で何千人もの被害者を出したとされるジャパンライフの元会長や反社会的勢力とされる人たちも招待されたのではないかという疑惑。政府は招待者名簿が「保存期間1年未満」の文書だったので自分たちのルールに従い「遅滞なく廃棄した」という。

しかし、実は国会議員が資料請求した1時間後に名簿を廃棄し、残っていたバックアップデータも隠していた。仮に合法だったとしても、公文書の適正な管理を図り、「現在および将来の国民に説明する」という公文書管理法の目的に反しているのは明らかだ。そもそも立法府が行政府をチェックできず、三権分立が機能しないではないか。

桜を見る会を巡って次々に噴き出してきた問題を見るにつけ、この政権は違法すれすれの「脱法行為」を繰り返して、国家そのものを私物化しつつあるのではないかと危惧している。

それは、今回が初めてではない。森友学園問題では安倍首相の支援者だった籠池泰典氏が建てようとしていた小学校の用地として、国有地が大幅に値下げされた。首相が「腹心の友」と呼んではばからない加計孝太郎氏が理事長を務める加計学園は、愛媛県に岡山理科大獣医学部を開設する時に有利に扱われた疑いがある。

しかしこの政権は、真相が記録されているはずの公文書を「もう廃棄した」などと言ってなかったことにする。記録が出てくれば「記憶はない」と言い逃れ、財務省は記録を改ざんしてまで疑惑を隠蔽しようとした。

長い歴史の中で積み重ねられてきたルールが、安倍首相とその周辺の都合のためだけに次々に骨抜きにされてきたのが、この政権で起きていることではないだろうか。

ただ、桜を見る会が森友・加計問題と違うのは、安倍首相本人の問題であるということだ。財務省や文部科学省などの「防波堤」はなく、首相の足元に直接波が打ち寄せている。

そして、このままではいけないと考える人々の声は、森友・加計問題の時に比べてはるかに強くSNSを通じて私たちに届いている。そして、そうした世論の叱咤激励を受けて記者たちの間にも新しい動きが生まれている。

2020年も、私たちは、しつこく追い続ける――。

取材に快く応じてくださった官僚や与野党議員、ホテルや旅行会社、桜を見る会の参加者や識者のみなさん。取材メモなどを提供してくれた毎日新聞政治部、社会部、西部本社の記者たちに心より御礼申し上げる。

最後に、タイトな日程にもかかわらず、的確な編集作業を進めてくださった毎日新聞出版図書第一編集部の久保田章子さんに感謝の意を表したい。

2020年1月

毎日新聞「桜を見る会」取材班
江畑佳明、大場伸也、吉井理記
日下部聡（デスク）

毎日新聞「桜を見る会」取材班
毎日新聞東京本社編集編成局統合デジタル取材センターの江畑佳明、大場伸也、吉井理記の3記者によって2019年11月11日に発足したチーム。その3日前の11月8日にあった参院予算委員会での田村智子議員（共産）による質疑が、SNSで大きな反響を呼んだことがきっかけだった。取材や発信にネットを活用し、通常の政治報道とは少し違う観点から人々の疑問に機敏に応える報道を目指している。

毎日新聞統合デジタル取材センター
報道の舞台がインターネットに移行する中、主にニュースサイト向けに、購読料を払って読んでもらえる魅力的な記事を発信することを目指し、2017年4月に発足した新しい部署。紙面に記事が載ることもあるが、モットーは「ウェブファースト」。政治部や経済部、社会部といった従来の枠組みにとらわれず、取材するテーマは何でもありで、どこかの部が一報を書いた出来事を深掘りすることもあれば、どの部も扱わない話題を追いかけることもある。紙面向けとデジタル向けの記事の編集システムを統一して、よりデジタルにシフトした体制に移行する「統合編集」への動きが世界の新聞業界で進んでいる。統合デジタル取材センターの「統合」には、そんな意味が込められている。齊藤信宏センター長以下、デスク3人、記者16人が所属している。本書のデスクワークは日下部聡が担当した。

毎日新聞ニュースサイト　https://mainichi.jp/
統合デジタル取材センター　ツイッターアカウント　@mainichi_dmnd

執筆者略歴

江畑佳明（えばた・よしあき）
1975年、大阪府寝屋川市生まれ。同志社大大学院修了後、99年毎日新聞社入社。山形支局、千葉支局を経て大阪社会部。大阪府警や関西空港を担当した後、2008年に東京社会部。東京都庁で五輪招致など石原慎太郎都政を取材。10年から夕刊編集部（現・夕刊報道グループ）で企画「特集ワイド」を執筆。16年秋に秋田支局次長、18年秋から現職。改憲問題に関心がある。家族は妻と1男1女。少年野球チームのコーチを務める。

大場伸也（おおば・しんや）
1973年、横浜市生まれ。早稲田大大学院修了後、2000年毎日新聞社入社。船橋、千葉支局、政治部、東京経済部、長崎支局、小倉報道部を経て現職。政治部では首相官邸や自民党、経済部では銀行などを担当した。政治の記事を中心に執筆している。野球好き。学生時代にバイトしていた新宿ゴールデン街に出没する。

吉井理記（よしい・りき）
1975年、東京都生まれ。法政大卒。99年西日本新聞（福岡市）に入社。社会部を経て、2004年、毎日新聞社入社。宇都宮支局、東京社会部、北海道報道部で事件や行政などを取材。13年から夕刊編集部で「特集ワイド」を担当し、19年から現職。憲法・平和、歴史認識問題、政治家の思想形成に関心がある。家族は妻と娘と猫。落語とジャズ、ウイスキーを好む。

日下部聡（くさかべ・さとし）
1993年入社。浦和（現さいたま）支局、サンデー毎日編集部、東京社会部などを経て2018年4月から統合デジタル取材センター副部長。「『憲法解釈変更の経緯　公文書に残さず』など内閣法制局をめぐる一連の報道」で16年、第20回新聞労連ジャーナリズム大賞などを受賞。16～17年、英ロイタージャーナリズム研究所客員研究員。著書に『武器としての情報公開』（ちくま新書）。アウトドアと炭水化物が好き。

本書は２０１９年11月8日～12月26日、毎日新聞ニュースサイトに掲載された記事を元に大幅に書き下ろしを加え、再構成したものです。

ブックデザイン／秦　浩司
ＤＴＰ／明昌堂

汚《よご》れた桜《さくら》

「桜《さくら》を見《み》る会《かい》」疑惑《ぎわく》に迫《せま》った49日《にち》

第1刷　2020年2月10日
第3刷　2020年3月10日
著　者　毎日新聞《まいにちしんぶん》「桜《さくら》を見《み》る会《かい》」取材班《しゆざいはん》

発行人　黒川昭良
発行所　毎日新聞出版
〒102-0074
東京都千代田区九段南1-6-17　千代田会館5階
営業本部　03（6265）6941
図書第一編集部　03（6265）6745
印刷・製本　中央精版印刷

ISBN978-4-620-32619-1